新时期高校思想政治教育
体系构建与创新发展研究

阎艳萍　郭宏芳◎著

北京燕山出版社

图书在版编目（CIP）数据

新时期高校思想政治教育体系构建与创新发展研究 /
阎艳萍，郭宏芳著 . — 北京：北京燕山出版社，

2023.11

ISBN 978–7–5402–7153–4

Ⅰ . ①新… Ⅱ . ①阎… ②郭… Ⅲ . ①高等学校－思
想政治教育－研究－中国 Ⅳ . ① G641

中国国家版本馆 CIP 数据核字（2024）第 001319 号

新时期高校思想政治教育体系构建与创新发展研究

著者：阎艳萍　郭宏芳

责任编辑：战文婧　温天丽

封面设计：马静静

出版发行：北京燕山出版社有限公司

社址：北京市西城区椿树街道琉璃厂西街 20 号

邮编：100052

电话传真：86–10–65240430（总编室）

印刷：北京亚吉飞数码科技有限公司

成品尺寸：170mm×240mm

字数：242 千字

印张：13.5

版别：2024 年 5 月第 1 版

印次：2024 年 5 月第 1 次印刷

ISBN：978–7–5402–7153–4

定价：89.00 元

前　言

　　进入 21 世纪,我国的政治、经济、文化等各个领域都发生了显著变化,人们的思想观念与生活方式也呈现出新的特点,高校思想政治教育环境也逐渐得到改善。在新的发展形势下,传统的高校思想政治教育必然面临改革和创新,思想政治教育显得尤为重要。提高思想政治教育质量,提升国民素质,成为国家又好又快发展的必然需要,高校思想政治教育更要承担起培养高素质人才的重任。

　　大学生是祖国的未来,是民族的希望。大学生思想政治教育关系到人才健康成长和中国特色社会主义建设事业,我国的高等教育正处在深刻的历史转变之中,主要表现为由注重规模扩张向注重质量提高转变,由世界人力资源大国向世界人力资源强国转变。重视和加强大学生思想政治教育,不断提高大学生思想政治教育的实效性,是不断改进和创新大学生思想政治教育的内容和形式的现实需要,是提升大学生思想政治教育素质水平、促进大学生健康成长成才的重要措施。

　　正是在这样的时代背景下,作者深入探讨新时期在高校思想政治教育体系构建和创新进程中的理论与实践问题,撰写了本书。本书理论阐述有力,贴近高校实际,对于加快高校大学生思想政治教育的创新步伐,具有重要的理论价值和现实意义。全书共分为七章,包括新时期高校思想政治教育发展与体系构建的意义,高校思想政治教育的理念、原则与目标,高校思想政治教育的内容体系构建,高校思想政治教育的途径,高校思想政治教育的队伍建设,高校思想政治教育机制建设,新时期高校思想政治教育创新发展。

　　本书在写作上注重理论与实践的结合。马克思主义思想政治教育理论特别是中国特色社会主义思想政治教育理论是探索当代高校思想政治教育的科学依据,当代高校思想政治教育实践是高校思想政治教育理论研究的源头活水。本书从高校思想政治教育的实践出发,把高校思想政治教育的丰富实践经验上升为科学理论成果,再运用到高校思想政治教育实践中,并在实践中接受检验,使高校思想政治教育不断丰富和发展。同时,本书立足于近年来大学生思想政治教育研究的成果,较为全面地梳理了新时代高校思想政治教育实践创新的理论问题,对促进大学生思想政治教育工作具有实际意义。

本书的撰写得益于相关借鉴书籍及作者的启发、帮助,得益于相关出版行业领导、项目编辑、责任编辑的热心支持、鼓励帮助与不厌其烦的修改校对。没有上述的专业建议指导、宽容理解及敬业奉献,就没有该书的出版问世。在此一并表示衷心感谢和敬意。谢谢!

作 者
2023 年 7 月

目　录

第一章

新时期高校思想政治教育发展与体系构建的意义

从辩证唯物主义和历史唯物主义的论域考察,思想政治教育属于上层建筑范畴,在本质上是人的思想意识的产物,其决定于经济基础并且"总是在客观上被历史状况所限制,在主观上被得出该思想映像的人的肉体状况和精神状况所限制"①。高校思想政治教育是对社会实践的客观反映,同时又作用于社会实践,遵循社会存在决定社会意识的辩证原理。本章主要从新时期高校思想政治教育的时代境遇、新时期高校大学生的特点、高校思想政治教育体系构建的必要性三个方面展开论述。

① 马克思,恩格斯.马克思恩格斯全集(第20卷)[M].中共中央马克思恩格斯列宁斯大林著作编译局编译.北京:人民出版社,1971:240.

第一节　新时期高校思想政治教育的时代境遇

高校思想政治教育与社会发展紧密同步,与外在环境休戚相关。脱离了社会环境的高校思想政治教育是没有生命力和发展力的。高校思想政治教育是社会实践的镜像,而又作用和服务于社会实践。在不同的社会发展阶段中,思想政治教育根据社会变化和具体目标任务作出相应的回应,发挥了特定的功能和作用。新时代,思想政治教育的功能和价值统一于培养中国特色社会主义事业建设者和接班人的现实目标之中。中国特色社会主义进入新时代,我国所处的内外环境发生了深刻的变化,我国社会的主要矛盾也发生了变化。思想政治教育如何在这样的"变局"中实现本体的价值、发挥主体功能作用,是思想政治教育需要重点完成的实践课题和时代"考题"。

一、新时代背景下意识形态

"现在世界上真正大的问题,带有全球性的战略问题,一个是和平问题,一个是经济问题或者说发展问题。"[①] 当前,虽然国际政治经济格局处于大变革、大调整时期,世界正在经历百年未有之大变局,但和平与发展仍是当今时代的主题。在这个时代背景下,伴随着经济全球化、发展一体化、社会信息化进程不断加快,国际政治秩序和经济格局正在发生着深刻的调整和变革。在经济领域,伴随全球化进程的不断加快,发达国家和发展中国家的竞争更加激烈,一方面发达国家极力维护自身既得的利益,另一方面发展中国家积极扩大自身的话语权和主动权,双方在经济这个"逐力场"上展开激烈角逐。"两极化"向"多极化"转变,发达国家在极力维护"霸主"和"家长"的地位,发展中国家在积极扩大国际影响力,争夺国际地位,政治力量对比出现新变化,抗衡和博弈成为新常态;伴随世界多极化进程的不断推进,"单边主义""强权政治""霸权主义""恐怖主义"和"军国主义"等思潮和问题重新抬头、热点问题和焦点问题层层叠加、

---

① 邓小平. 邓小平文选(第 3 卷)[M]. 北京:人民出版社,1993:105.

利益冲突和局部战争屡见不鲜,这些问题是国际政治秩序和体系构建面临的"最大变量",国际社会发展的前景更加复杂。在其他领域,环境问题、信息安全、国家安全、粮食安全、公共卫生、全球治理等问题仍是国际社会关注的焦点。概言之,和平与发展是当今时代的主题,但是局部冲突解决、国家利益均衡、国际分歧管控、经济风险防范等问题仍然是国际社会需要解决的重要课题。从历史发展的进程来看,资本主义和社会主义两种社会形态的斗争从来没有停止过,资本主义和社会主义两种意识形态的斗争也从来没有停止过。在革命战争时期,资本主义国家通过武装侵略、军事打击、经济包围等方式对社会主义国家实施围攻。冷战时期,资本主义国家采取"政治上尖锐对立、军事上全面对峙、经济上封锁与反封锁、意识形态演变与反演变"[1]等形式对以苏联为首的社会主义阵营进行围追堵截。在和平时期,资本主义国家采取思想输出和文化侵略等方式对社会主义国家实施颠覆和破坏。在新时期,资本主义国家破坏社会主义国家的方式更加多样、手段更加隐蔽,特别是在意识形态领域和思想文化领域表现得尤为明显和强烈,这应当引起我们的高度重视。

伴随经济全球化向纵深方向推进,以美国为首的资本主义国家在输出产品的同时加紧了思想和文化的输出,他们在世界范围内宣扬"普世价值观",通过虚无主义等社会思潮企图歪曲甚至抹杀别国的历史和文化、政党和主权。这些思潮和文化对我国公民的思想和价值观产生了一定的影响,在一定程度上改变了人们的思维方式和行为方式。近年来社会上出现的丑化领袖和英雄等问题就是具体例证。这些社会思潮和文化也深刻地影响着高校青年学生,在侵蚀他们思想的同时还影响他们的思维方式和生活方式,在有些层面上还产生了"不可逆"的创痕。

改革开放的成就举世瞩目,但深层次的矛盾和问题也伴随改革开放进程的全面推进而表现得更加明显。从意识形态的角度看,人们的思想更加复杂,价值观趋于多元,受到国外社会思潮的影响,容易形成"灰色地带";同时伴随我国文化和外国文化交流的加深,在资本主义腐朽文化的影响下人们的思想极易形成"裂隙"。这就为资本主义腐朽文化的流行和泛滥提供了更多"乘虚而入"的机会,同时也为其对我国文化价值观和主流意识形态的侵蚀提供了平台。这对我国的意识形态造成了巨大的挑战,要求我们树立"守土有责""守土尽责"的思想理念,坚守思想意识形态"制高点",打好意识形态"攻坚战"。

---

[1] 《毛泽东思想和中国特色社会主义理论体系概论》编写组.毛泽东思想和中国特色社会主义理论体系概论[M].北京:高等教育出版社,2015:231.

伴随我国改革开放向纵深方向推进，我国公民的利益诉求更加多元，思想价值观也呈现出多向度的分野，对我国主流意识形态的认同感、尊崇感在一定程度上形成了冲击。人们的生活方式、思维方式和生存方式也在发生深刻的改变，其中有一部分人信仰利益至上，对我国传统文化的内涵、品质和影响力，对马克思主义的科学性、合理性和发展性的认识在一定程度上存在偏差。这些都在不同程度上影响了他们对我国主流意识形态的理解、维护和认同。

青年大学生是国家和民族的未来和希望，是社会思潮的敏感群体，同时也是社会潮流的引领群体。近年来，受到社会负面现象、封建主义和官僚主义等封建没落文化、拜金主义和享乐主义等资本主义腐朽文化的影响，部分青年大学生的思想意识形态结构、思想文化价值取向、思维方式和行为方式等也发生了变化。在青年学生群体中存在着极端个人主义、精致利己主义、及时享乐主义等与主流思想意识形态不相符的意识形态和文化样态。在这种思想和文化价值观的影响下，部分青年大学生对于马克思主义，中国特色社会主义道路、制度、文化和理论，社会主义核心价值观和中华民族伟大复兴中国梦的理解和认同在有些方面还存在"盲区"和"死角"。这些问题和现状，对我国的主流意识形态形成了冲击。

伴随着网络科技、通信技术的快速发展和人类社会信息化进程的不断加快，新媒体和自媒体也进入了快速发展的时期。资本主义国家趁机利用互联网和新兴媒介宣扬自己的文化和价值观，在我国社会中产生了一定的影响，在一定程度上"稀释"了我国主流意识形态的力量。这要求我们，应坚守意识形态制高点，把好"入口"和"总开关"，同时建好"过滤网"和"防范网"。

二、多国文化交汇冲击社会主流文化形态

伴随世界一体化和经济全球化进程的不断推进，各国在加紧输出贸易和产品的同时，也加紧了文化、思想和价值观的输出，使得整个世界变成了文化输出和输入的"交换场"。世界各国在这个文化"交换场"中奋力角逐、竞相争取主动权和话语权，积极扩大本国文化的影响力和渗透力。这种文化交换和融汇在给我国社会主流意识形态建设带来机遇的同时，也带来了巨大的挑战，其力度不容小觑、影响不容忽视。同时，对我国优秀传统文化和主流文化形态形成较大的"张力"，对我国的文化强国建设造成巨大冲击。

世界各国文化都有独有的"滋养源""民族特质"和历史规定性。西

方国家的文化有精华和合理性,但也有糟粕和局限性。资本主义国家向我国输出的文化包括自由主义、历史虚无主义、大国沙文主义、军国主义、消费主义、拜金主义、享乐主义等。从本质上来说,这是为了维护资本主义的统治地位、霸权地位、"家长"地位和"救世主"地位,同时更是为了破坏社会主义制度、颠覆社会主义政权、削弱中国共产党的领导、歪曲社会主义民主、否定改革开放的伟大历史成就、抹杀我们国家和民族的历史和贡献。这对我国的主流意识形态而言,无疑是一种冲击和危害。我们应该清醒地认识到,这是资本主义国家对我国主流文化形态的"围攻"和"偷袭",只要"阶级还存在,国际资本还存在,它是不会平心静气地看着一个正在建设的社会主义国家发展的"①。我们"对这种资本主义包围必须时刻戒备"②,"等待时机进攻他、粉碎他,或者至少破坏它的实力和削弱它"。③

资本主义腐朽文化对我国主流文化形态的冲击主要体现在其对我国优秀传统文化和现代主流文化两方面的影响上。对我国优秀传统文化的冲击主要体现为稀释我国优秀传统文化的"浓度"、歪曲我国优秀传统文化的"导向"、否定我国优秀传统文化的"价值"、抹杀我国优秀传统文化的"来源"等方面。它通过对我国优秀传统文化的误导,使得我国公民特别是青年学生对我国优秀传统文化的历史、内核、价值等的理解产生偏差。对我国现代主流文化的冲击主要表现为对合理性、同构性、认同性和导向性等方面的曲解和误导。它通过对我国现代主流文化的歪曲,使得我国公民和各个社会阶层对主流文化的科学性、先进性、导向性产生怀疑。这些影响不但使社会主义先进文化建设产生巨大的"离心力",而且对我国主流文化形态和主流思想价值观的形成产生较大的"冲击力",是我们在建设社会主义文化强国进程中应当高度重视的问题。

除此之外,我们还应当重视世界各国文化交汇中不良文化对政治文化、经济文化、民主文化、社会文化等方面所形成的负面影响。资本主义腐朽文化具有破坏力,同时还具有渗透性、隐蔽性和持久性等方面的特点,其作用持久而强烈,对此我们应该强化防范意识。我们必须意识到,文化对社会主流价值观的影响是隐蔽的、渐变的过程。这个过程需要相

---

① 斯大林.斯大林选集(下卷)[M].中共中央马克思恩格斯列宁斯大林著作编译局编译.北京:人民出版社,1979:25.
② 斯大林.斯大林选集(下卷)[M].中共中央马克思恩格斯列宁斯大林著作编译局编译.北京:人民出版社,1979:331.
③ 斯大林.斯大林文选(1934—1952)[M].中共中央马克思恩格斯列宁斯大林著作编译局编译.北京:人民出版社,1962:116.

当长的时间来完成,但当这个过程完成以后所产生的影响是系统性的、全面性的和不可逆的。因而,在这一点上我们应该保持足够的警惕,防微杜渐、防患于未然。

三、多种社会思潮交融稀释社会主流价值观

当前,我国现阶段的主流价值观是社会主义核心价值观,其在国家层面的价值取向是富强、民主、文明、和谐,社会层面的价值取向是自由、平等、公正、法治,个人层面的价值准则是爱国、敬业、诚信、友善。社会主义核心价值观与社会主义核心价值体系是辩证统一的关系,社会主义核心体系是社会主义核心价值观的基础和来源,社会主义核心价值观是社会主义核心价值体系的凝练和提升。社会主义核心价值体系和社会主义核心价值观念既有内在一致性,又有不同侧重点,两者都凝结着我国优秀传统文化的精髓和“基因”,带有明显的中国印记,同时又体现着我国先进文化的特色和内涵,具有强烈的民族性和时代性特点。在新时代,坚持社会主义核心价值观是坚持和发展中国特色社会主义的基本方略之一。

社会主义核心价值观在本体层面上具有稳定性的特征,但在践行过程中却受到多种因素的影响,特别是国外社会思潮的影响。在世界各国文化交流互动和一体化的过程中,多种社会思潮在我国传播和蔓延。改革开放以来,在我国出现的比较典型的国外社会思潮主要包括新自由主义、复古主义、传统马克思主义、新左派思潮、民主社会主义、历史虚无主义、民族主义、民粹主义、新权威主义、文化保守主义、存在主义、后现代主义、市场社会主义等。这些社会思潮产生于资本主义社会内部,根植于资本主义文化土壤,带有明显的资本主义痕迹,从根本上是为资本主义服务的。这些社会思潮对我国的主流价值观形成了稀释作用。

有的社会思潮如民粹主义、民族主义等是资本主义文化价值观的一种表现形式,其根本目的是为维护资产阶级的统治、维护资本主义国家的利益而服务的。有些社会思潮如自由主义等是为了改善资产阶级的统治方式和国家治理方式,尽管其在不同时期有不同的表现方式,但其为资本主义国家服务的本质没有发生改变。有的社会思潮如后现代主义等是对资本主义文化的反叛和反思,其根本目的不是推翻资产阶级的统治,而是推动资本主义社会不断调整,在本质上是变革资本主义文化和价值观,更好地促进资本主义文化和价值观的适应和复合。有些社会思潮如市场社会主义、民主社会主义等是资本主义自我改良、自我发展的方式和方法,其不是发自内心地对社会主义的向往,而是主张用社会主义的模式促进

资本主义生产力和生产关系的适应、缓解资本主义基本矛盾，最终是为推动资本主义社会的稳定、永续发展而服务的。有的社会思潮如历史虚无主义等是资本主义在侵略、扩张过程中所形成的文化形态，其主要目的是抹杀被殖民国家和地区的社会历史、发展价值和存在意义，说服被殖民国家和地区甘于被殖民、甘做附庸。

通过以上分析可以看出，资本主义社会思潮产生和发展的"元点"是立足资本主义社会、剖析资本主义社会，最终目的是改良、发展和服务资本主义社会。资本主义国家向我国输出和传播这些社会思潮，表面上打着"平等""自由"和"博爱"的幌子，但本质上是为了诋毁中国特色社会主义道路和制度，颠覆中国共产党的领导，破坏政治体制和发展道路，否定我国发展对自身和世界所做出的卓越贡献，抹杀我国历史文化的民族性和存在价值，破坏我国实现中华民族伟大复兴奋斗目标的思想基础、文化基础和社会基础。

资本主义国家向我国输出的这些社会思潮在很大程度上弱化和稀释了我国主流社会价值观的强度和浓度，对我国公民特别是青年学生产生了一定的影响。对我国公民的思想和行为层面上的影响主要表现为：一小部分公民对新兴的社会思潮和社会现象偏爱有加，有的还将这些思想和文化直接转化为实际行动；部分公民崇尚拜金主义、功利主义和实用主义，对眼前的一切用"有没有用、有没有利"作为标尺来衡量；部分公民甚至还把这些思想融入社会公德、职业道德、家庭美德等层面，在社会生活、家庭生活和职业生活中闹出了诸多"人间悲喜剧"。对我国青年学生的思想和行为层面上的影响主要表现为，部分学生对西方社会思潮趋之若鹜，有些学生以低俗的文化、血腥的思想、暴力的行为标榜个性；有些学生还把西方社会思潮转变成"另类"的价值观、"标新立异"的言行和举止、"除旧布新"的思维和方式。同时，他们对我国博大精深的传统文化、与时俱进的社会主义先进文化熟视无睹、置若罔闻，不解本质、不言传承、不求运用；有的青年学生变成了"极端利己主义者"，他们不关心所肩负的历史使命、不关注国家和民族的前途、不关怀社会公德和家庭美德，淡忘了"修身、治国、平天下"的理想抱负和"为天地立心、为生民立命、为往圣继绝学、为万世开太平"的庄严使命。

纵然，西方社会思潮的传播对我国社会产生了负面影响，但从根本上而言，整体上我们绝大多数公民和青年学生的思想道德状况和主流文化价值观是好的，也是值得肯定的。我们不能因部分而否定全局。但是，西方社会思潮给我国带来的负面影响值得我们深思。我们在厘清西方社会思潮的消极影响以后，可以提出更加有效可行的措施强化社会主流文化价值观,筑牢中国特色社会主义共同理想的社会根基,加深对中国特色社会主义道路的认同,增强中国特色社会主义道路自信、理论自信、制度自信、文化自信,为实现中华民族的伟大复兴奠定良好的思想基础、文化基础和社会基础。

四、多元价值观博弈影响社会主流意识形态

辩证唯物主义和历史唯物主义认为,价值是客体的特征、属性对主体需要的满足关系的范畴。价值观是关于价值的理论、知识和学说体系,是人们关于价值的根本观点和看法。价值观来源于社会实践,属于上层建筑领域,决定于经济基础而又反作用于经济基础。价值观和社会主流意识形态相互联系、辩证统一,价值观对社会主流意识形态的形成和产生有直接或间接的作用。

价值观在具有稳定性的同时还具有历史性、选择性和主观性的特点。价值观产生于社会实践、作用于社会实践,但又受到社会实践的制约,是客观性和历史性的统一。此外,价值观还具有变化性和发展性的特征,"物质生活的生产方式制约着整个社会生活、政治生活和精神生活的过程,不是人们的意识决定人们的存在,相反是人们的社会存在决定着人们的意识"。① 从人作为实践活动的主体层面来看,"人是比他自己和世界都优越的存在物",② "人们的观念、观点和概念,一句话,人们的意识,随着人们的生活条件、人们的社会关系、人们的社会存在的改变而改变。"③ 因此,我们应该用联系的、发展的、变化的、辩证的和历史的眼光来看待价值观,不能犯教条主义和形而上学的错误。在社会领域里传播的价值观良莠不齐、善恶相间,那些带有"攻击性""渗透性"和"溶解性"的价值观冲淡了社会主流价值观的浓度,对于凝聚中国力量、弘扬中国精神、发展中国文化等都产生了极其不利的影响。同时这对部分青年学生也产生了一定的影响,由于他们的鉴别能力还不够完善,很容易因为求新图变而盲目信奉和追随那些负面的社会价值观,加之负面价值观的传播在形式上更加隐蔽、内容上更加迎合部分青年人的兴趣和爱好,因而青年学生在无

---

① 马克思,恩格斯.马克思恩格斯文集(第2卷)[M].中共中央马克思恩格斯列宁斯大林著作编译局编译.北京:人民出版社,2009:591.
② 马克斯·舍勒.舍勒选集(下)[M].刘小枫,选编.上海:上海三联书店,1999:1338.
③ 马克思,恩格斯.马克思恩格斯文集(第2卷)[M].中共中央马克思恩格斯列宁斯大林著作编译局编译.北京:人民出版社,2009:50-51.

形中接受和传播了负面价值观,如在部分青年学生中颇为流行的"后现代"语言、"草根"文化、"火星"表情和"另类"装束等就是负面价值观影响的结果。当然,我们并不否认青年群体的时代性特征和创新性特质,但部分学生的价值观、社会公德、伦理品德的现状和对周围事物的观点和态度的变化不能说与负面价值观没有任何联系。

五、新兴媒介发展挑战传统教育模式

伴随着第三次科技革命的兴起和信息技术的快速发展,人类社会进入了信息化时代。近年来,随着互联网和大数据技术的快速发展,我国社会的网络化、数据化和信息化特征更加突出和明显。在社会生活领域,网站、微信、QQ、公众号、App、客户端、电子商务平台、电子政务平台、电子金融平台和生活服务平台等各种新媒体和自媒体技术的运用,标志着我国数字媒体时代的形成和发展。新兴媒体按照介体划分主要包括手机载体、网络载体和电视载体,如果按照媒体生产的主体划分则包括他媒体和自媒体,这些媒体和媒介共同推动了社会信息化的发展。

新兴媒体的快速发展对传统思想政治教育和模式形成了挑战。要分析新兴媒体对思想政治教育产生的影响,须厘清传统思想政治教育及其模式的基本内涵。

传统思想政治教育的基本内涵主要包括两个方面:一方面是本体概念维度。传统思想政治教育主要是就思想政治教育的内容和方法而言的,在内容层面上以中华优秀传统文化为主,在目的层面上主要是培养适合社会发展所需要的公民、维护统治阶级的统治。其在原始社会里起源,在奴隶社会和封建社会里成形、完善和发展,在近代社会里广泛运用。另一个方面是方法概念维度。传统思想政治教育主要是把思想政治教育的内容和目的等通过较为单一的方式、方法和手段加以实现。与现代思想政治教育和方法相比较,传统思想政治教育显得"传统"。传统思想政治教育模式的基本内涵也主要包括两个方面:一方面是指在原始社会和阶级社会里开展思想政治教育的方法;另一方面是指区别于现代思想政治教育的模式和方法。以现代思想政治教育方法为参照系,传统思想政治教育模式是指在特定社会发展阶段上主要依靠人力和物力的投入、方法简单、载体单一的思想政治教育形式或者方式。这种思想政治教育模式的突出特点是劳动密集、资源分散、呈现单维、效果明显。传统思想政治教育模式在特定社会条件下和指定语境中发挥了重要作用,但伴随着社会发展和思想政治教育要素的变化而表现出明显的滞后性,不能充分解

决思想政治教育的根本问题,也不能完全适应现代思想政治教育发展的要求。

新兴媒体的兴起和发展对传统思想政治教育产生了深刻的影响并形成了挑战。从机遇的层面看,新兴媒体具有的广泛传播力、全面影响力、强大吸引力和广泛渗透力为思想政治教育方式、方法、途径、载体等的创新和发展提供了良好的发展基础和条件,促进了思想政治教育效果的生成和外显。从挑战的层面看,新兴媒体对思想政治教育要素产生了解构作用,主要体现在思想政治教育的施教主体、受教主体、教育方法、教育环境、教育创新等方面。

(一)新兴媒体对思想政治教育施教主体的挑战

广义的思想政治教育施教主体主要是指组织和实施思想政治教育的人,狭义的思想政治教育施教主体是指"党政机关和经济、文化、教育等企事业部门,从事政治理论和思想政治教育工作的人员"。[①]思想政治教育施教主体在思想政治教育中占有重要的地位和作用。新媒体对思想政治教育施教主体的挑战主要表现在以下几个方面:一是新兴媒体对施教主体自身的理念形成了挑战。传统的施教主体在教育方法、内容、过程等方面的理念已经不能完全适应新媒体场景,媒体时代的思想政治教育需要与时代相适应的理念。二是新兴媒体对施教主体开展思想政治教育的模式形成了挑战。新兴媒体具有数字化、融合性和互动性的突出特点。这是传统思想政治教育模式所不能比拟的。施教主体要运用新媒体载体就要在模式方法方面实现转变。三是新兴媒体对施教主体综合素质的挑战。新兴媒体包含了新的理论、思维、方法和技术,这对于施教主体的视野、思维、观念和知识结构等都形成了挑战。

(二)新兴媒体对受教主体的挑战

高校思想政治教育的受教主体主要是指高校青年大学生。新兴媒体对高校青年大学生的挑战主要体现为:新兴媒体背后所呈现的思维方式和逻辑方式对青年学生的思维方法、观点态度等产生了冲击;通过新兴媒体所呈现的慕课、贴吧、微信等学习和生活平台改变了青年学生的生活方式;新兴媒体所体现的价值伦理冲击高校学生的心理和价值观。

---

① 宋子端.简明思想政治教育词典[M].郑州:河南人民出版社,1989:353.

（三）新兴媒体对教育方法的挑战

思想政治教育方法是指施教主体面向受教主体开展思想政治教育所运用的途径和方式。思想政治教育方法具有历史性的特点，随着思想政治教育目标、要素和社会条件的变化而变化。新兴媒体的兴起对传统思想政治教育方法形成了挑战，网络、媒体、手机、微信、微博、客户端、公众号、App 等是新媒体的重要载体和表现形式，这些介体具有多维性、立体性、生动性和趣味性的特点，已经被受教主体所广泛接纳和认可。传统思想政治教育方法的单一性不能满足受教主体的需求和期望，这对传统思想政治教育方法而言，既是一个矛盾，又是一个挑战。新媒体具有现代化和信息化的特点，更贴合受教主体的兴趣、爱好和需求，而传统思想政治教育在内涵和外延层面上的保守性和局限性已经脱离了受教主体的生活实际，这本身就是对传统思想政治教育方法的挑战。

（四）新兴媒体对传统思想政治教育环境的挑战

环境是思想政治教育的构成要素，并对思想政治教育产生重要影响。在教育和环境的关系问题上，马克思主义认为"关于环境和教育起改变作用的唯物主义学说忘记了环境是由人来改变的，而教育者本人一定是受教育的……环境的改变和人的活动或自我改变的一致，只能被看作是并合理地理解为革命实践"。[1]思想政治教育环境是思想政治教育所面临的一切外部条件的总和，包括物质环境和精神环境两个部分。新兴媒体对传统思想政治教育环境的挑战主要体现在：新兴媒体的发展渗透到了传统思想政治教育的方法、途径、介体和运行、管理、控制等要素之中，并使得部分要素的特征和环境发生了改变；同时对文化、制度、体制、机制等方面的外部环境也产生了深刻的影响。这对于传统思想政治教育环境而言无疑是一个挑战。

（五）新兴媒体对传统思想政治教育创新的挑战

创新是一个民族进步的灵魂，是一个国家兴旺发达的不竭动力，也是一个政党永葆生机的源泉。因而，思想政治教育同样需要创新。新兴媒

---

[1] 马克思，恩格斯.马克思恩格斯选集（第 1 卷）[M].中共中央马克思恩格斯列宁斯大林著作编译局编译.北京：人民出版社，1995：55.

体的出现和发展对思想政治教育创新的挑战主要体现为：新兴媒体的方法、平台和载体改变了传统思想政治教育的环境、任务和目标，要求在理念、内容、方法、管理等方面进行创新；同时对传统思想政治教育创新的方法和途径也带来了挑战。

此外，新兴媒体对传统思想政治教育的影响还体现在消解了思想政治教育施教主体的主导性，形成了思想政治教育受教主体的"亚文化"现象，加大了思想政治教育管理的难度，放大了思想政治教育环境风险等方面。这些挑战驱动传统思想政治教育模式革新和发展，进而充分回应思想政治教育现代化的发展诉求和时代发展的要求。

第二节　新时期高校大学生的特点

一、大学生的特点

当前，大学生都处在二十岁左右的年纪，这是人一生中极富有活力、朝气的年龄段，也是人的价值观念形成的重要阶段。要想更有针对性地进行大学生思想政治教育，就要合理把握大学生的特点。

（一）大学生的价值观特点

1. 主流思想积极向上

总的来看，大学生群体思想积极向上、乐于进取，关心时事政治，对于党和政府的重大政策给予支持认同的态度，很愿意且积极申请加入党员先进集体。与此同时，他们极富同情心和正义感，严于律己、追求完美。

2. 价值观具有不稳定性

多数大学生群体均能够树立正确的价值观，明白不仅需要实现个人价值，还需要实现社会价值，为社会献出自己的绵薄之力，承担自己的责任、履行自己的义务。因此他们中的大部分会奋发图强、积累知识、沉淀自我、传递正能量，希望可以为国家建设做出一些贡献。但是因为我国正处于社会主义初级阶段且将长期处于社会主义初级阶段,许多机制并不健全。面对某些特殊问题的时候,这些朝气蓬勃的新时代大学生群体价值观又常常有所倾斜,出现"追名逐利""拜金主义"等趋势。所以新时代大学生群体价值观特点表现出非常强的不稳定性。

(二)大学生的心理特点

1. 强烈的自我意识和表现欲望

自我意识通常是指一个人通过对自己的身心活动进行相应的观察和分析,包括自身的生理状况、心理特征以及与其他人之间相互关系等而进行的一种自我认知与评价。

二十岁左右这个年龄段,是大学生的自我意识发展过程中最为活泛的一个时间段,他们特别注重对自己的自我观察和自我评价,随之而来表现欲也明显增加,他们迫切希望得到他人对自己的认可。这个时候的他们,想要承担一定的责任,取得相应的优异成绩,以获得更好的自我肯定,得到自我满足。在强烈关注现实状况的同时,他们还希望自身也能够参与其中,通过自己的努力做出一定的贡献。

在这一时期,大学生道德品格的可塑性较强,因此,教育工作者应该合理地把握好这段珍贵的教育时机,适当地"对症下药"。当然,也会有部分大学生,他们对自身不能很好地进行合理评估,过于高估自己的实力,形成自我盲区。

2. 情感波动性大

大学生在进入大学后,随着生理与心理的不断成熟,他们自身的需求也会逐渐增多,以至于会出现更多的新需要。这个时候会形成两种现象:当需求被满足的时候,会产生相应的正面的肯定的情绪,如欢愉、热爱等;如果需求得不到合理的满足,则会产生相应的负面的否定的情绪,如愤怒、失落、自卑等。

大学生还没有在一定程度上形成全面系统的、客观理性的自我抉择能力和判断能力,同时对待事物的了解也不够完整,因此,当他们带着不成熟的认识去看待外界时,就会发生一些意料之外的矛盾和冲突。

与此同时,大学生很容易受到外界的干扰,价值观受到影响,于是他们在对价值观进行相关选择的时候,就会出现举棋不定的情况,最终引起情绪的波动和变化。

3. 性意识逐渐成熟

大学时期,大学生的生理发育已经趋于成熟,关于性的意识观念日益增强。性意识的发展,使大学生能够清晰地根据性别特征对自己进行有效塑造,特别注重自己的个人形象,与此同时,对异性的关注与追求也会逐渐变得强烈起来,产生了培养与异性的美好感情的强烈欲望。

但是,另一方面,大学生的性心理发育还没有达到完全成熟的状态,所以,不可避免地就会出现一些问题,进而引发一系列的心理问题,导致他们的心理长期处于一种压抑的、不健康的状态。个别大学生自身的情绪受到一定程度的影响,并开始出现焦虑、精神萎靡等不良情绪。

4. 心理基本成熟

具体来说,大学生处于一个由少年期逐渐向成人期转变的过渡期,通常情况下,他们的心理发育已经逐渐趋于成熟,而气质、性格、行为特点等方面也都逐渐趋于较为稳定的状态,道德认识和情感理念也较为完善,能够自行判断是非,进一步明确了理想、信念及追求,有了自己的独特风格,对社会充满了责任感和正义感,道德意识也随之增加,有了稳定的道德行为习惯。

5. 开始出现落差和自卑心理

在没有进入大学之前,教师和家长通常将大学描绘得绘声绘色并且过于理想化。直到学生真正进入大学后,才能够深刻地体会到理想与现实的差距。面对陌生环境、陌生同学以及学校的各种规章制度,他们变得迷茫,不知道该如何去面对、如何去安排自己的学习和生活。当他们明白现实并不是那么美好,之前所憧憬的校园生活和现实中的校园生活简直就是天壤之别时,落差和失落的心理自然而然地形成了。而面对来自全国各地的优秀同学,一些大学生同时也会产生自卑心理。

（三）大学生的思想特点

1.思想追求前卫

随着改革开放的不断推进，传统文化受到挑战也经过了筛选，那些不符合时代要求的传统文化随着社会发展被淘汰，一些符合现代化社会要求的观念应运而生，从而形成了具有现代性的思想观念。在当前的时代背景下，大学生不耻于谈"赚钱"，在承认金钱的重要作用时，也不过分夸张它的价值；敢于冲破"三纲五常"等传统落后思想的束缚，建立平等、公正的人际关系；敢于表达自己的真实感受、发表个人的实际看法；强调个人价值；逐步树立了符合社会主义市场经济要求的思想，如主体意识、竞争意识、市场意识、环保意识、信息意识、创新意识等；可以用正确的态度看待竞争；从传统的"精打细算"的计划消费观转变为"能挣会花""多挣多花"的现代消费观。

2.思想较为被动

大学生在形成自己的思想前，首先会接受一定的社会思想教育，这就导致他们自身的思想并不能完全摆脱"预制性"，并且大学生的知识水平、思维能力、心理状态等存在限制，也导致了他们的思想不能充分发挥能动性，社会价值导向和其他群体思想也对他们的思想形成有比较重要的影响。虽然看起来当代大学生在思想方面很主动，可以自己作决定，但实际上很多决定也是一种被动选择。例如，现在有很多大学生选择报考村干部，或者选择去西部支教，还有一些学生选择回到家乡从事农业生产工作，表面上看这些行为是大学生主动选择的结果，但从某些角度上说这是迫于就业形势的一种被动选择，是社会发展特定阶段的产物。

而与被动相关的就是从众。从众是指受到群体的影响和压力，个体放弃自己的观点而选择与大多数人持一致观点的行为。从众是一个十分常见的社会现象，在大学生的生活和学习中也时常发生这种情况。

3.思想即时多变

即时性是指大学生思想容易受突发事件的影响而临时产生一些想法。这也体现了大学生容易冲动的特征。例如，一些大学生参与打群架只是一时冲动,在周围环境的影响下临时决定参与打架。

大学生具有强烈的好奇心,很容易被外界环境吸引并影响,从而使其思想呈现出多变性的特点,尤其是在当今这个多变的社会中更为明显。大学生心理处于不稳定的状态,所以对于同一事物、同一现象也会表现出不同的心理状态。大学生有时认为必须为实现远大的理想而奋斗,但是遇到挫折和失败后又会灰心丧气;有时想成为医生为医疗事业作贡献,有时想成为社会活动家研究社会科学。大学生群体中出现各种对服饰、影视作品和明星的追崇现象,也说明了这一点。

(四)大学生的行为特点

1. 政治参与度相对较高

大学生是当代青年群体中重要的组成部分,他们的思想非常活跃。由于他们出生的年代正好赶上了祖国的改革开放,所以对祖国的翻天覆地的发展有着比较深刻的认识,他们不但关心国家的大事,还关注民生问题,对国家的政治表现出了特别强烈的参与热情。

2. 网络应用成为主流

当今世界领域中,应用最为广泛的一种高科技手段就是众人皆知的网络技术。思想活跃、容易接受新事物的当代大学生自然会首当其冲,尽情享受网络带来的美好和乐趣。除了利用网络进行学习外,一些男生花费大量时间用于游戏和娱乐,一些女生则热衷于使用购物网站和社交平台。

网络的广泛使用,使得许多大学生对其产生了依赖,他们沉溺于网络世界,以各种方式逃避现实中的不顺、困惑、迷茫等,对自己的人生发展造成了一些负面影响。

3. 虽然注重人际交往,但方式方法有待改进

对于刚刚迈入大学校门的大学生来说,人际交往是一门必修的课程,也是大学生创立自己的生活圈的一个新的开始。

在这个过程中,也会出现一些问题。一方面,大学生的思想较为单纯,

没有防范心理,在复杂的人际交往中缺乏明辨是非的能力和经验;另一方面,受到社会中不良风气的影响,少数大学生会受到名利的驱使,表现出一副老成世故的样子。

总而言之,当前的社会环境相较以前更开放、变化速度更快,生活在这样的环境下,大学生普遍知识面较宽,主体意识较强,思想也更加独立。但是当代大学生的成长一般比较顺遂,并没有经历太多艰难险阻,导致他们在困难和失败面前缺乏抗压能力和调节能力,遇事易偏激。

(五)大学生的消费特点

在经济快速发展和物质生活水平持续提高的进程中,新时代大学生群体的消费观也体现出多样的特点。

1. 多样化

新时代大学生群体除基本的生活费用(衣、食、住、行)、学习费用(学费、书费、学习用品)之外,还新增了一些娱乐消费,如交友、旅游等。同时,基础性的消费占据的比重正逐渐降低而娱乐性消费占据的比重却在上升,因此,新时代大学生的消费结构发生变化,呈现出多样化的特质。

2. 非理性化

新时代大学生群体常常有着不理性的消费观。一方面,他们往往存在盲目消费行为,缺乏科学合理的消费观念;另一方面,他们对家庭的经济依赖性非常强,经济独立意识十分薄弱。

3. 超前化

新时代大学生群体是一个非常强大的消费群体,在消费市场中占据了相当一部分分量。为了彰显自己前卫、时尚或有消费能力,新时代大学生群体出现了一系列超前化、与自己身份不相符的消费现象。网络购物的流行以及快递行业的快速发展为新时代大学生群体购物开辟了新渠道,对大学生群体产生了很大影响。

（六）大学生的就业特点

供应与需求之间的矛盾长期以来都是就业难的主要原因之一,伴随着教育体制逐渐改革,我国毕业大学生数量越来越多,这给大学生就业带来了相当大的压力。同时,专业问题也成为就业难的主要原因之一,在进入大学校园之前很多大学生对职业发展并没有清晰的规划,很多大学生在毕业之后才明白自己真正想从事的职业与自己所学专业并不相关。此外,即将毕业的大学生群体过惯了衣食无忧的日子,很可能无法接受企业提供的薪酬,想要在毕业后真正实现经济独立并不容易,"穷"成了刚毕业的大学生的共同感受。这也为新时代的大学生群体增加了许多烦恼。

总的来说,虽然新时代的大学生群体有着自身的一些缺点和不足,但是他们也有着自己可爱、积极向上的一面。了解新时代大学生群体的特质,有利于他们更好地提升自己,帮助他们成为社会主义现代化合格的建设者和接班人,在为建设美丽富强的中国而奋斗的过程中同时实现自己的梦想。

二、立德树人理念下的大学生人格与素质发展

（一）品德与人格的关系

立德树人教育是为了培养当代大学生的品德,也是对大学生的人格进行塑造。显然,品德与人格有着密切的关系。

作为一个人的道德素质,品德是一个人个性的展现,而这里所谓的个性就是人格。因此,品德是人格的一项重要内容,是人格中的核心部分。正因为如此,人们在日常生活中常常将二者等同。例如,有时候说某些人人格低下,其实说的就是他／她的品德低下。这是从狭义层面对人格做出的理解。

从心理学意义上说,人格就是人的个性,是一个人心理特征的综合。

人格的结构具有多层次性,是由复杂的心理特征组成的一个整体。对于一个人来说,品德与人格是相互依存的。品德是一个人的道德品质,是根据一定的规范与道德原则所表现出的心理倾向,是个体与外部环境相互作用的产物,如果没有人的性格与气质等因素,品德也就无法形成。相反,如果没有品德的形成,人格也就没有了灵魂与方向。因此,立德树人教育所要培养的大学生的品德就不仅限于反映社会意识的道德品质,

还包括个人心理品质,这样才能使大学生塑造出完善的人格。

(二)立德树人与大学生人格的形成

在人格的各个因素中,气质是由遗传因素决定的,具有相对的稳定性,是人格形成的基础和条件。性格则是以一定的气质作为基础,在个体与外部环境交互的过程中形成稳定的行为与态度。性格是人格的中心。因此,培养大学生的思想品德就不能仅限于社会意识的灌输,更要注重大学生人格的培养,从而促进社会主流思想与大学生人格之间的融合。

1. 人格的培养

人格的形成并不是一个自然增长的过程,而是一个矛盾运动的过程。人格的内部要素之间以及个体与社会影响因素之间存在着复杂的关系。例如,有的学生在学校被评为"劳动积极分子",但是在家里却什么都不愿意做。为什么学生在学校和在家里存在如此大的差别? 原因不在于什么"双重人格"的存在,而是他在人格形成的过程中,受到了内外因素的影响。学校对学生展开劳动教育,要求学生要热爱劳动,积极参加劳动,学校和教师会鼓励和表扬学生参与劳动。相比之下,在家庭里,许多家长只要求孩子认真学习,并不要求孩子参与家务劳动,一切家务都是家长全权负责,这就导致同样一名学生在学校和家庭的人格表现不同。

这就说明,要想塑造大学生完善的人格,就必然需要仔细分析他们在人格形成的过程中所受到的内外因素的影响,从而有针对性地采取措施,使这些因素、矛盾向着积极的层面转化。

人格的培养有助于巩固个体已经形成的品德心理,也可以纠正个体形成的一些不良品德。也就是说,个体的道德品质受主客观、内外部因素的影响和制约。人格特征是其中的一个重要影响因素。如果个体形成了积极的人格特征,那么他在待人接物的时候必然能够表现出良好的言谈举止,这样能够被外界接纳,也在客观上为自身良好品德的形成创造了条件。

2. 立德树人理念对人格形成的作用影响

影响人格形成的因素包括外部环境、学生自我感知与教育等。人在与客体进行交往的过程中往往能够认识自我、认识自我与客体之间的关系,从而进行自我观察与调节。正是因为人们都具有这种自我意识与自我教育,加上每个人的主观世界存在差异,因此每一名学生都会用自己的方式对待外部环境。

塑造健康的人格,需要进行德育教育和自我教育,当然自我教育的结果也是德育教育的结果,是进一步塑造人格的动力和条件。学生进行自我教育,能够不断提升他们的上进心。德育的本质是教育者根据社会的要求,把一定的社会意识转化为受教育者的思想品德。德育是教育的一个有机组成部分,是首要的教育活动。德育培养的受教育者的品德包含反映社会意识的道德品质、政治品质和思想品质,也包含个性心理品质。因此,德育的实质是塑造人格。

三、大学生德育的过程与规律

德育存在一定的规律,只有对德育的规律进行把握,才能实现德育目的与德育的实效性。

(一)大学生德育的过程

德育过程是一个相对独立的教育过程,贯穿于德育活动始终,有其自身形成的特点和发展规律,它与人的成长、发展有着密切的关系。

1.学生品德的形成受到学校、社会、家庭等外在因素综合影响

人作为社会中的人,人的本质是一些社会关系的综合。人们的品德正是在社会这个大环境中形成与发展的。因此,品德并不是先天形成的,而是人们后天在社会的影响下形成的,并且在社会交往与社会实践过程中,受到社会政治、社会经济、社会文化等层面的影响和制约。另外,由于学生所处的社会环境,其中包括学校、家庭的不同和学生自身修养的不同,必然导致不同的学生的品德的形成与发展是不同的。即便是同一名学生,在不同的时期他们的品德形成也可能是不均衡的。

2.学生品德的发展是个体知、情、意等内在认知运动的结果

按照教育学、社会学、心理学的有关知识,我们可以作以下归纳:人们在学习、接受、实践一种理论、思想的过程中,应表现为四个环节,即认

识、情感、信念和行为，也就是我们通常所说的知、情、意、行。这四个环节相互影响、辩证发展。

大学生的认知是德育的第一阶段，在这一阶段，主要将大学生的理性思维作为主导，通过参加课余活动，提升自己的实践能力，从而产生对德育思想的认同。在这一阶段，教师应该以生动的手段对德育进行科学阐述，调动学生学习的热情和积极性。

大学生的情感反应是德育的第二阶段。在这一阶段，情感主要来自认知，而情感的丰富又可以对认知加以强化和发展，使认知的广度与深度不断加深。大学生逐渐形成爱国主义、集体主义、美感等情感，并且逐步形成对人生理想、社会政治问题的思考，这为大学生德育教育创造了条件与基础。而情感的应激因素主要来自社会环境与社会实践。社会上存在的一些不良现象会直接影响着大学生的情感，甚至会导致大学生情感的波动。在这一阶段，教师应该科学、发展地帮助学生分析问题，从而逐步将德育理论转化成大学生认识各种社会现象的依据，从而对他们的实践活动进行指导。

大学生信念和思想方法形成是德育的第三个阶段。高校的重要责任就是通过行之有效的方法帮助大学生形成科学的世界观、人生观、价值观。客观来说，这种形成不可能是一蹴而就的，更不能仅仅通过考试来获得，而是需要在长期的社会实践中逐步形成。在这一阶段，教师应该引导大学生将德育的科学方法论和价值导向与个人成才发展结合起来，从而指导大学生的人生实践。

（二）大学生德育的规律

规律是事物本身所有的内在联系。大学生德育的规律是什么？对于这一点，人们已经进行了深入研究，提出了很多见解。也就是说，大学生德育是有规律可循的，我们对德育实效性加以研究的目的就是把握德育教育的规律，以用于指导德育教育的具体实践。

1. 德育是教育者、受教育者和环境共同起作用的过程

德育过程是由多个因素构成的，其中主要涉及三个因素：教师、学生与环境，这三个要素是最基本的要素。因此，德育过程的规律首先是这三个要素之间相互作用的结果，或者说是三个要素共同起作用的结果。那么教师、学生、环境到底如何起作用呢？

（1）教师处于主导地位

教师在德育教育中发挥着重要作用,教师需要引导学生把握德育规律,教会学生将德育规律运用于学习和工作中,将德育贯穿于自己的生活和工作之中。

（2）大学生处于主体地位

大学生是德育的教育对象,处于被教育的地位,但是这并不意味着大学生仅仅处于消极被动的地位,换句话说,在德育过程中,大学生应该发挥积极主动的主体作用。学生主体作用的发挥与德育教育的质量和效果相关。

（3）环境发挥重要作用

好的环境对学生品德形成至关重要。例如,家庭环境影响学生的道德品质、性格爱好、思想观念等,这种影响有时候超过了学校和社会。因此,我们不能小看环境的作用。

2. 德育是以循序渐进的方式促进大学生品德发展的过程

大学生德育教育的最终目标是培养大学生完善的人格,这显然与中小学德育的目的不同,应该有明确的区分。

（1）德育的起步——大学生的认知

认知是客观事物及其规律在人的头脑中的主观反映,是品德形成的前提和基础。认知是人们对于善恶美丑进行评价的前提。认知的来源主要有两个,一是实践,二是间接实践。因此,在德育形成过程,提高大学生对道德的认知非常重要。当前,一些大学生出现一些不道德的行为,并不是一开始有意这样做,而是因为他们缺乏对道德的认知。

（2）德育的媒介——大学生的情感

情感具有两极性,表现为肯定的情感与否定的情感。情感的作用也有积极的和消极的之分,积极的情感如爱国情感,可以激发个体的爱国情怀,消极的情感则会让人感到低沉。因此,应该激发大学生积极的情感,努力克服消极的情感,这是德育的重要媒介。

（3）德育的升华——大学生的信念

信念在人的品德形成中作用巨大。所谓信念,即人们对一定的社会理想、人生理想的真诚信仰,是人们自觉遵循的观点与思想。信念是人们认识与情感的升华,是感情化的认知。信念是一种精神力量,是人生观形成的前提和基础。一个人具备坚定的信念,是一个人品德思想成熟的标志。大学生的信念与世界观、人生观的形成是一致的,属于同一个过程。

大学生德育教育的目的之一就是让大学生树立坚定的信念。对大学生展开的一切教育,最终都是为了形成信念。

（4）德育的成果——大学生的行为

行为是经历了人的认识、情感、信念之后所采取的实际行动。行为与实践二者是相通的,其表现出的是人们对外在世界、客观事物的改造。行为是构成人格素质的一项重要因素,是对人类品质优劣进行衡量的重要标志。一个人的思想品质如何,不是看他的言论如何动听,而是看他的行为是否与社会要求相符合。

由于大学生成长环境和受到的教育不同,有的人能够做到言行一致,但是有的人做不到。具体到每一名学生思想品德的成熟过程,也是一个知行一致与不一致的矛盾过程。因此,大学德育的目标,就是引导他们完成从知到行的转化,不断地产生正确行为,并形成良好的行为习惯,进而形成良好的品德。

第三节　高校思想政治教育体系构建的必要性

新时代背景下,高校思想政治教育的发展模式正处于由外延式向内涵式逐渐转变的过程中。构建以教学体系、课程体系、评价体系等为主的高校思想政治教育实践体系,既是高校思想政治教育内涵式发展的必然之义,也为其提供了内在支撑。作为大学生思想政治工作的主要阵地,思政课的体系构建更直接地影响着大学生思想政治工作的内涵建设。

一、为学科发展赋能：推动思想政治教育理论研究与学科建设

思想政治教育作为一项人类认识世界和改造世界的实践活动,萌芽于原始社会并伴随人类社会发展的始终,在不同的社会发展阶段有不同的任务、目标和要求。思想政治教育作为我们党的一项思想教育活动,产生于革命战争年代,面对不同任务在不同的阶段发挥了重要的作用。思想政治教育在我国成为一个学科,则是在改革开放以后建立和发展起来的,其对于推动整个社会的思想政治、精神文明和社会主流价值观建设发挥了重要的作用。

思想政治教育学科的发展不是一成不变的程式,而是一个动态开放的过程。思想政治教育学科自建立以来,在学科历史研究、理论基础研究、途径载体研究、学科交叉研究、方式方法研究和创新发展研究等方面都取得了重要的成绩。

思想政治教育学科建设涉及理论、方法、内容、途径、载体等各个方面,与学科建设、发展和创新等息息相关、紧密相连。思想政治教育管理是学科建设的一个重要分支和视角。实现思想政治教育管理的体系化,是思想政治教育学科建设的现实之需和基本诉求。

（一）思想政治教育学科完善的根本需要

我国自1983年把思想政治教育作为一个学科设立于高校进行研究。经过多年的发展,思想政治教育形成了自己的学科体系和专业体系,为学科建设、研究等搭建了良好的平台;培养了大批思想政治教育专业人才;推进了马克思主义和马克思主义中国化的研究和运用;为加强社会主流意识形态和社会主义核心价值观的建设和发展等做出了突出的贡献。思想政治教育在一定程度上继承、发展和创新了中华优秀传统文化,为文化的创造性发展和创新性运用做出了重要的贡献。思想政治教育在社会各层面充分发挥了教育、引导和激励等方面的功能,为社会各群体培养正确的人生观、世界观和价值观,以及为培养和形成文明、健康、向上的社会道德风尚起到了积极的促进作用。概言之,思想政治教育无论是作为一种实践活动,还是作为一个学科,都发挥了本体价值和主体功效。

从学科体系角度看,思想政治教育原理、方法等已经成型,但对于分支学科研究依然停留在研究方向维度上,距离建立分支学科、学科群和学科体系还有一段距离。从专业视角看,全国各高校在思想政治教育专业下分列了很多研究方向,有的与社会治理相结合,有的与中国近现代史相结合,也有的与特定群体相结合,但存在方向混乱等方面的问题;从学科结构角度看,思想政治教育史特别是中国古代思想政治教育史、思想政治教育管理学、思想政治教育心理学、思想政治教育环境学、思想政治教育方法学、思想政治教育发生学、思想政治教育社会学、思想政治教育统计学等学科尚未完全建立起来。高校思想政治教育管理体系化构建研究是思想政治教育学科研究的重要组成部分,其在完成体系化建构以后可以发展和建设成为思想政治教育管理学,这不仅为思想政治教育管理学学科的建立打好了基础,而且还为思想政治教育学科结构的健全和完善提供了重要支撑。高校思想政治教育管理体系化构建研究在理论和实践方面研究思想政治教育管理的要素、环节、方式、方法和作用机制,其基本要素和范畴涵盖于思想政治教育管理之中,在完善思想政治教育管理学学科要素方面也发挥了重要作用。

从哲学意义上看,高校思想政治教育管理体系构建研究是思想政治教育管理学建立和发展的前提和基础,思想政治教育管理学建立是高校思想政治教育管理体系构建研究的诉求和根本导向,两者是相互辩证、互相统一、相得益彰的。高校思想政治教育管理体系构建研究契合于思想政治教育管理学之中,统一于思想政治教育学科完善的现实需要之中。

(二)思想政治教育学科发展的基本要求

思想政治教育作为一个学科体系,具有特有的科学性、时代性和发展性。思想政治教育学科发展的诉求一方面是回应自身存在和发展的需求,另一方面是呼应社会历史条件的变化。思想政治教育作为上层建筑是为了实现一定的目的,通过一定的方式和手段针对特定群体所开展的思想和政治教育实践活动,从本质上看是人类认识世界和改造世界活动的一个组成部分。这种社会实践活动受到历史和社会等多种因素的影响,因而其来源于社会实践同时又受制于社会实践。

思想政治教育作为一个学科自建立以来取得了巨大的成绩。首先,学科体系日渐成熟。从学科结构角度看,多年来,思想政治教育形成了以基本原理、教育方法、学科历史、学科比较为核心的学科布局。这些方面从不同视角回答了思想政治教育学科的理论基础和价值意义等方面的重要问题。从学科研究体系的角度看,学界在注重学科本体研究的基础上开展了学科交叉研究、应用方法研究、实践创新研究,以及新问题、新矛盾的应对研究。这些研究从不同的视角探讨了理论和实践方面的问题,对于充分体现学科价值起到了良好的促进作用。从研究方向角度看,思想政治教育的研究分支逐渐细化和增多:有的以领域为标尺研究高校、军队、农民、公务员等群体的思想政治教育问题;有的注重在纵深方向上研究思想政治教育问题,如思想政治教育理论与实践、方法、发展史等;有的注重把思想政治教育与其他学科交叉融合,研究思想政治教育心理学、社会学、环境学等方面的问题。其次,人才培养结构日渐完善。思想政治教育学科从成立之初的开办专科层次和第二学位班发展到目前本科、硕士、博士层次齐全的人才培养结构,培养了适合不同层次和社会发展需要的思想政治教育专门人才。在人才培养目标、课程体系结构等方面均实现了精细化、科学化和体系化的目标。最后,形成了独特的研究领域和话语体系。思想政治教育作为一个独立的学科存在,有其特有的理论基础、研究对象、要素范畴、基本规律、方法体系、途径载体和发展历史。正因为如此,思想政治教育才能称为一个独立的学科体系。思想政治教育从其诞生之日起就具有强烈的问题意识和实践导向,有其特定的研究领域和活动空间。在多年来的发展过程中,思想政治教育学科还形成自己的理论话语体系、实践话语体系、研究话语体系和学术话语体系。

思想政治教育学科在发展的过程中受到多种要素的影响和制约,也出现了一些问题和不足。一是思想政治教育学科的名称种类繁多、名目多样,表现出泛化趋向。一直以来,思想政治教育学科的名称有政治思想教育、思想政治工作、德育学、德育工作等。这些划分所遵循的依据不同,名称也不尽相同。从本质上看,思想政治教育不仅不同于政治思想教育、德育教育,而且也不同于思想政治教育工作。思想政治教育学科名称的多元化在一定程度上混淆了思想政治教育的本质。二是在发展的过程中思想政治教育学科的特色不明显。思想政治教育学科带有强烈的思想性、政治性、阶级性和科学性,从本质上是为党和国家的主流政治方向、社会主流意识形态而发声。但在实际发展过程中,有些高校等人才培养机构把思想政治教育和社会风险管理、社会治理、环境生态、思想道德等结合起来,并作为独立的研究方向,这在很大程度上消解了思想政治教育学科的特色和本质。我们必须清醒地认识到,思想政治教育不是"万金油",不可能解决社会上方方面面的问题,应该有其特定的研究域和作用域。三是思想政治教育学科群亟待建立。目前,思想政治教育学科群的组成只有思想政治教育原理、思想政治教育方法、中国共产党思想政治教育史(论)、比较思想政治教育学等模块。实际上,作为一个完整的学科体系,思想政治教育学科群除了具备基础组成模块以外还应具备分支模块,如思想政治教育技术学;包括古代史和近现代史在内的思想政治教育史和国外思想政治教育(史)等。四是思想政治教育学科研究碎片化、形式化。通过研究学术论文发表的情况可以看出,关于思想政治教育基础理论的研究、元问题研究、历史研究等相当缺乏或者鲜有学者涉足。作为思想政治教育的研究者,不仅要关注基础问题的研究,而且要重视方法和创新等问题的研究。在新时代,思想政治教育在阐释社会主要矛盾的变化、我国所处的历史方位、新发展阶段的目标任务等方面的研究还需要加大力度。

思想政治教育在学科发展方面所面临的问题一方面反映了学科在发展过程中存在的局限和不足,另一方面也反映了学科发展所面临的艰巨任务,需要广大科研工作者为之付出艰辛的努力。思想政治教育学科发展不仅有规范性和科学性的诉求,且还有整体性和完整性的诉求。从思想政治教育学科发展的视角考量，开展高校思想政治教育体系化构建研究对于学科的健全和完善具有积极的作用和意义。

（三）思想政治教育学科创新的现实需求

创新之于一个国家、民族和政党而言具有重要的作用和意义，对于思想政治教育学科发展而言，创新的作用和地位同样不可替代。思想政治教育学科创新以发现问题为导向、研究问题为重点、回应问题为核心、解决发展过程中存在的问题为根本诉求。

思想政治教育学科创新是一种以应对社会变化为基本表征的"自为"反应。近年来，伴随社会发展进程的不断加快而产生的系列问题使得思想政治教育创新成为必然和必须。在社会层面上，伴随着工业和信息社会发展进程的不断加快、互联网技术和大数据技术的快速发展，人们的思维方式、生活方式和行为方式都发生了重要的变化。这些变化要求思想政治教育以更加科学的理论、方法和载体予以积极回应并不断创新。在学科本身层面上，思想政治教育学科存在的问题包括：理论有待进一步深化研究、学科体系有待进一步完善、效能发挥有待进一步加强等。这些都在理论和实践层面上要求思想政治教育与时俱进、持续创新。

思想政治教育学科发展的源泉和动力就在于不断创新。思想政治教育学科创新是一个相互统一、互为联系的整体，包括理论创新、实践创新、方法创新、制度创新、途径创新、管理创新等方面。这些方面既是思想政治教育学科的重要范畴，同时也是学科发展的重要支柱，对于思想政治教育学科理论研究、方法探索、制度健全、管理完善等产生重要作用。思想政治教育学科创新的诱发因素根植于实践中存在的现实性问题。现实中，思想政治教育学科创新存在创新深度不深、面积不广、力度不强等方面的问题。这些问题对思想政治教育学科创新产生了较大的牵制作用，对于培植学科创新的动力点、增长点和发力点形成了一定的"对冲"作用。因而，思想政治教育学科创新要坚持问题导向、质量为重、服务发展的原则，在创新中发现问题，在解决问题中实现创新。思想政治教育学科创新有理论体系层面上的要求，也有学科建设和发展层面的要求。其中，在学科建设和发展层面的诉求主要表现为学科体系的完整和新兴分支学科的建立。从理论上讲，思想政治教育学科群不仅包括学科史体系、学科理论体系、学科方法体系、学科比较体系，还应该包括学科管理体系、交叉学科体系等。毋庸置疑的是，只有以思想政治教育为核心建立起来的学科群才能体现思想政治教育的科学性、规范性和发展性。思想政治教育学科群的建立不仅具有同构性的特点,而且具有聚合性的特点。因而,只有以思想政治教育学科为"母体",不断完善现有学科,大力开发新兴学科和分支学科,逐渐建立交叉学科,才能丰富和发展思想政治教育学科体系,完成思想政治教育学科的现代性、动态性和开放性构建。

二、为课程建设助力:推动新时代高校思政课内涵式发展

新时代高校思想政治教育正处于发展模式的转变之中,即逐渐实现从注重办学规模、生源数量的外延式发展到注重教学质量提升、课程组织完善、体系结构优化的内涵式发展。构建以教学体系、课程体系、评价体系等为主的高校思想政治教育实践体系不仅是高校思想政治教育内涵式发展的应有之义,同样也为其提供内在支撑。高校思政课作为高校思想政治教育的主渠道,其体系建构对内涵式建设具有更直接、直观的影响。

(一)在教学体系建构中增强高校思政课的教学效果

1.教学体系建构有助于提升教学主体的综合能力

构建教学体系能够更好地帮助教师依靠教学目标、教学内容、教学方式、教学评价等要素推动教学关系的强化、固化,反过来也能够通过教学关系的发展进一步明确教学内容的供给与需求,并在教学内容、手段等方面实现精准供给和科学选择,逐步统一教学目标、过程、实效三个方面,形成教学合力,提高教学质量。

2.教学体系建构有助于推动教学手段的有效使用

选用恰当的教学手段增强教学效果是高校思政课内涵式建设的重要目标。信息技术的融入使高校思政课的教学手段得到了极大丰富:计算机技术和虚拟仿真(虚拟现实)技术的应用拓展了高校思政课的场域;新媒体技术同高校思政课的结合实现了"独白式"向"对话式"的教学模式转变等。不过,教学手段的多样化、信息化、交互化并不能直接促进教学效果的提升,必须将其放置于教学体系中考察,切实加强教学手段同其他要素之间在运行中的深度融合以及在目的上的内在契合。

3.教学体系建构有助于教学过程的系统化运行

用系统思维引领教学体系建构一方面能够为教学过程提供科学的运行机制和运行决策；另一方面能够显著增强各要素之间的关联性与协同性，有利于形成系统合力，确保教学过程的高效、有序开展。

（二）在课程体系建构中提升高校思政课的实践效果

高校思政课课程体系从广义上看是一个包括课程目标、课程形式、课程内容、课程评价等的动态体系，从狭义上看仅指课程内容，是一个相对宽泛的课程集合，既有思政课程，又包含同思政课程有关的相关课程。课程体系建构是新时代高校思政课内涵式建设的重要抓手，需要在课程目标、课程内容、课程形式等方面重点推进。

1.课程体系建构有助于促进课程目标的阐释、调整和指标化

课程目标是课程本身所要实现的目的和意图。构建课程目标体系，有助于将根本目标、重要目标转化为高校职工听得懂、思政课教师办得到、学生能够学得好的阶段目标与具体目标；有助于结合地域特色、区位状况和本校实际情况、整体规划积极调整具体目标；有助于根据相关目标制定可操作性强的指标，并同课程评价体系相对应、匹配。

2.课程体系建构有助于促进课程内容的丰富和系统化

课程体系建构一方面能够确保课程内容始终满足国家发展需要和教育对象的个体需要，始终坚持高质量、内涵式发展模式和"内容为王"的发展理念，推动课程内容的标准化，即严格按照相关政策文件的指导精神进行设计与建设；另一方面能够促进以"大思政课"为横向展开，以"大中小学思政课一体化"为纵向拓展的课程内容体系的逐步形成和系统建设。

3.课程体系建构有助于增强课程形式的组织度和多样化

推进课程体系建构一方面有助于高校思政课的课程组织制度和机制的系统化、高效化，以及课程结构设置的科学化、动态化；另一方面也有

助于教学形式的多维并举、多种并用，切实推动第一课堂、第二课堂、第三课堂的综合应用、灵活使用、交叉运用。

（三）在评价体系建构中提升高校思政课的改革效果

评价体系是高校思想政治教育体系建构的重中之重。一方面，评价是高校思想政治教育实践的关键环节，若缺少评价则难以对高校思想政治教育的建设成果和实际成效进行科学评估、准确判断；另一方面，评价体系是高校思想政治教育实践体系中相对薄弱的一部分，需要花大气力、下大功夫进行体系建构。

1. 评价体系建构有助于高校思政课内涵式发展

构建高校思政课评价体系不仅能够为有效应对课程目标、课程内容、课程形式等部分之间的"脱节"以及思政课教师、学生等群体出现参与度不高、积极性不强、评价"失语"等情况提供可行性路径，也能够有效解决课程评价范围相对窄化、评价主体单一化、评价过程流程化、评价实效形式化等内涵式建设过程中出现的问题。

2. 评价体系建构有助于评价过程的有序进行

高校思政课的评价过程是教学过程的重要一环，由评价标准、评价方法、评价实施、评价反馈等要素构成，是一个结构完整的动态运行系统。构建高校思政课评价体系一方面能够在理论上为评价过程提供行之有效的评价模型、评价方法；另一方面也能在实践中建立恰当的、科学的、动态的评价指标体系，推动评价过程的有序进行。

3. 评价体系建构有助于实践体系的优化与完善

高校思政课评价体系对高校思想政治教育体系建构和高校思政课内涵式建设具有重要推动作用。正是这种重要性使得有必要将评价体系单独列出进行学理化研究，不过也要注意从整体上进行把握，在高校思想政治教育实践体系的系统建构中分析其同其他体系之间的内在联系，并积极探索体系建构的基本思路、主要内容和发展向度。

三、为思政治理聚势：推动新时代高校思想政治教育治理现代化

（一）在制度体系建构中推动高校思想政治教育治理体系现代化

1. 制度体系建构有助于推动高校思想政治教育治理制度化

构建制度体系能够更好地发挥制度在高校思想政治教育治理中的作用，确保高校思想政治教育治理的本质属性、根本目的保持不变，保证高校思想政治教育治理在制度的框架下持续性、常态化推进，从而促进高校思想政治教育治理效能的进一步发挥。

2. 制度体系建构有助于增强治理主体的治理意识

构建制度体系不但能在运行层面上保证治理主体结构的依法、依规、依需优化，推动相关制度的落地、落实、落细，还能在意识层面上增进治理主体的治理意识，有助于让治理主体在制度遵守和执行的过程中更好地体悟治理思维、形成治理自信、促进治理自觉。

3. 制度体系建构有助于营造良好的治理环境

构建制度体系有助于保持内外部环境之间制度设计的合理性、制度执行的一贯性、制度保障的长效性，从而能够在制度层面妥善解决高校思想政治教育治理过程中所遇到的诸多环境问题。

（二）在机制体系建构中推动高校思想政治教育治理能力现代化

高校思想政治教育机制体系是制度体系运行及制度实现的条件和方式，主要分为接受机制、育人机制、动力机制、管理机制、协同机制等。机制体系建构对高校思想政治教育治理能力现代化具有重要意义。

1. 机制体系建构有助于提升高校思想政治教育治理队伍能力

高校思想政治教育机制体系建构应在机制设计中优化治理队伍结

构,在制度运行中加强治理队伍的组织力、协调力、凝聚力,提高风险预判、评估、应对水平,增强信息技术的学习、应用能力,在打造一支现代化的高校思想政治教育治理队伍中推进治理能力的持续提升。

2. 机制体系建构有助于把握高校思想政治教育供需平衡

从供给侧和需求侧对接受机制进行双向优化能够有效推动高校思想政治教育信息的精准、高效、持续投送,一方面有助于提升受教育者的内化与外化程度;另一方面为提高教育者运用制度机制能力推动机制体系的系统化发展提供重要帮助。

3. 机制体系建构有助于增强高校思想政治教育效用

增加高校思想政治教育效用需要进一步完善以立德树人为根本任务,以推动"三全育人"机制和"十大"育人体系的有序建设为工作目标的育人机制,不断用多样化、系统化的育人策略、育人方式提高受教育者的"边际阈值",在育人机制的引领下增强教育者的协同配合能力,逐渐形成育人合力。

第二章

高校思想政治教育的理念、原则与目标

　　高校思想政治教育要把大学生既看作实践的主体，又看作价值的主体；要正确把握社会影响与学校教育的双向互动，整体发挥学校和社会的一切育人功能，构建全员、全过程、全方位育人模式；要适应开放的环境和多元的时代特征，着力提升当代大学生面向社会、面向世界、面向未来的素质和能力。

第一节　高校思想政治教育的理念

以科学的教育理念培养人,运用教育理论指导教育实践是教育界的首要任务之一。教育理念是广大教师在实践中不断总结出的宝贵的育人经验,符合时代发展,具有科学性和指导性。在新的社会历史条件下,思想政治教育工作中需要着重培养与树立的理念有以下几种。

一、以人为本理念

传统的高校思想政治教育用统一的目标教育、统一的人才培养模式、单一的教学方法教育学生,片面强调教师权威,通过"填鸭式"的教学手段灌输教育内容。国务院颁发的《关于进一步加强和改进大学生思想政治教育的意见》中明确提出,把"以人为本"作为加强高校思想政治教育工作的指导思想。文件还明确地指出,高等学校的思想政治教育中要坚定不移坚持"以人为本",思想政治教育要始终贴近学生的生活实际,这样才能提高思想政治教育的实效性和吸引力。要不断地坚持教育人、鼓舞人、引导人、尊重人、理解人。"以人为本"作为一种教育理念要求高校思想政治教育工作者在这个前提下探索有效方法,促进高校大学生思想政治素质的提高。现在,高校思想政治教育在贯彻"以人为本"理念的研究与探索中已经取得一定的研究成果,教育工作者对高校思想政治教育从不同的方面、层次和角度作了有益的探索,其对教育实践产生了一定的影响。

二、全面发展理念

全面发展即人的全面发展,指人的体力和智力的充分发展,又指人在德智体美劳各方面和谐的发展。教育是造就人的全面发展的重要方法,在思想政治教育中,必须用全面发展的理念教育大学生。

（一）以全面发展为指导

1.高校思想政治教育应服务服从于大学生的全面发展

大学生的全面成长成才要以人为本,把思想政治教育与学生成长成才需要结合起来,引导大学生坚持学习科学文化与加强思想政治修养的统一,实现自身价值与服务祖国人民的统一。

2.高校思想政治教育应以大学生全面发展为出发点和落脚点

高校思想政治教育应根据社会和大学生思想变化的实际,不断总结,不断扩展新视野,作出新概括,丰富大学生思想政治理论教育,以多渠道、多方式促进大学生全面发展。在思想政治教育中,不论是推动习近平新时代中国特色社会主义思想"进课堂、进教材、进大学生头脑",还是加强文化、网络、科技、伦理等领域建设;不论是为大学生提供多样的社会实践活动,还是拓宽高校校园文化建设领域等,其出发点和落脚点都是为了大学生能够全面发展,成为社会主义事业的合格建设者和接班人。

3.高校思想政治教育应服务于大学生的健康成长

高校思想政治教育要以促进学生成长成才为目标,积极创造条件,为大学生成长成才服务。在做好大学生成长成才教育的过程中,还应关注大学生的心理健康,加强大学生心理健康教育,使其健康成长。

4.高校思想政治教育应有助于大学生人力资源的开发

随着社会的进步和发展,特别是随着知识经济的到来,科技、文化功能的强化,社会发展越来越依靠人的素质的全面提高,社会将越来越重视人力资源的开发。要实现这一任务,必须注重人的非智力资源的开发,特别是注重科学管理和思想政治教育等手段。

（二）全面发展教育的主要内容

在高校思想政治教育中,我们讲全面发展教育,主要目的在于帮助大学生树立全面发展教育观,引导大学生思想道德素质、科学文化素质、健康素质的协调发展。根据大学生全面发展教育的目的,我们可以把全面发展教育的基本内容归纳为思想道德素质教育、科学文化素质教育、健康素质教育三个方面。

1.思想道德素质教育

思想道德素质是指个体通过接受一定的教育和参加社会实践活动,经过独立自主、积极理性的思考后形成一定社会或阶级所要求的思想观念和道德准则,并自主、自觉与自愿地做出相应行为的素质与能力。一般来讲,大学生思想道德素质包括思想素质、政治素质和道德素质三个方面。在新的历史条件下,加强大学生的思想道德素质教育,努力提高他们的思想道德水平,对于弘扬中华民族伟大民族精神和时代精神,在社会上形成良好的道德风尚,加快推进社会主义现代化建设具有十分重要的意义。

2.科学文化素质教育

科学文化素质教育包括科学素质教育和人文素质教育两个方面,这两个方面又是紧密联系、相互渗透、不可分割的。科学文化素质教育的具体内容包括很多方面,从德育的角度来讲,大学生科学文化素质教育的重点在于培养两种精神——科学精神和人文精神。这两种精神是科学文化素质教育的核心。

（1）科学精神的培养

科学精神是人们从科学活动过程和科学认识成果中提炼出来的价值准则和行为规范,是人类在漫长而艰巨的科学研究探索过程中逐渐形成而不断发展起来的一种主观的精神状态。科学精神激励着人们祛除愚昧、求实创新,不断推动社会的进步。科学精神由于是在科学活动的过程中形成并发展起来的,因此,科学精神的内涵也随着科学活动的不断推进而不断得到充实和发展。在当代,科学精神有着新的时代内涵。科学精神的内涵很丰富,最基本的要求是求真务实、开拓创新。因此,对大学生科学精神的培养,重在培养以下几种精神。

坚定不移的求真精神。科学研究是一种艰苦的工作,通向未知世界的道路绝对不是平坦大道,这条路上布满了荆棘,只有付出辛勤的汗水,矢志不渝,才会获得成功。

尊重事实的务实精神。科学是老老实实的学问，来不得半点虚假和浮夸。只有尊重事实，从实际出发，以实践作为检验真理的唯一标准，才能正确认识客观世界，揭示事物的客观规律。

勇于批判的怀疑精神。怀疑是一切科学创造活动的真正出发点。哥白尼从怀疑地心说而最终提出日心说，达尔文从怀疑上帝造人说而提出进化论，科学就是在不断怀疑批判前人学说的基础上取得进步和发展的。

勇于开拓的创新精神。创新精神是科学得以创造和发展的精神动力和力量源泉。科学活动是从已知出发去探索未知从而发现和认识世界的，它在本质上是创造性的。提出新问题，解决新问题，得出新成果，是科学工作者的本职，也是衡量他们工作表现、价值大小的尺度。

（2）人文精神的培养

人文精神是特定环境里各类精神价值的总和，是时代文化精神的核心。人文精神的培养和人文素质的教育在中外教育史上具有悠久的历史传统。如我国古代儒家所提倡的"君子""大丈夫"等理想人格教育，近代蔡元培先生提出"普遍教育的宗旨在于养成健全的人格"等，都是重视人文精神培养和人文素质教育的光辉典范。人文精神是一个历史范畴，在不同的时代有不同的主题。当代大学生人文精神培养的基本内容是根据社会发展需要和目前大学生人文素质的现状来确定的，它主要包括以下几方面。

独立人格教育。独立人格是大学生人文精神培育的基础和前提。一个人只有首先在人格上具有独立性和自主性，不盲目地听从别人，有自己的意见和主张，才谈得上具有人文精神。畏畏缩缩、唯唯诺诺、趋炎附势，连人的尊严都丧失了，又怎么谈得上具有人文精神呢？

道德理念教育。一个人不仅要成为一个独立的人，而且还要成为一个有道德的人。要教育大学生爱人如己，推己及人，设身处地为他人着想；要"先天下之忧而忧，后天下之乐而乐"，具有爱民爱物的胸怀；要热爱自然，保护环境，维护生态平衡。

人生态度教育。在对人生的态度上，要教育大学生具有积极乐观的人生态度，自强不息，开拓进取。人的一生不可能是一帆风顺的，逆境和顺境总是交替出现，伴随人的一生。要教育大学生身处顺境时，不得意忘形，要居安思危；身处逆境时，不怨天尤人，要坚韧不拔，百折不挠，勇往直前。

终极关怀教育。人文精神是现实性和超越性的统一。它既是一种现实关怀，体现现世性的精神追求；又是一种终极关怀，体现了人对超越有限、追求无限的一种渴望。它具体表现为理想和信念。要引导大学生树立共产主义远大理想，在社会主义现代化建设事业中以自己有限的生命获得无限的人生意义。

科学精神和人文精神是人类精神家园的两大支柱，二者之间相互联系、相互渗透、相辅相成。科学精神和人文精神都源于人们对至真、至善、至美的向往和追求，它们在本质上是一致的。科学精神的培育需要人文精神的辅助和支撑，人文精神的培育离不开科学精神的正确指导。因此，在高校思想政治教育中，必须将科学精神教育和人文精神教育有机结合，克服只重视科学精神教育而忽视人文精神教育或者只重视人文精神教育忽视科学精神教育的错误倾向。

3. 健康素质教育

这里的健康素质教育主要包括两个方面，即身体健康素质教育和心理健康素质教育。

身体素质是人的素质发展不可缺少的物质基础，是在遗传获得性基础上发展起来的人体形态与生理功能上的特征，包括生理解剖特征（身高、体重、骨骼系统、神经系统等）和生理机能特征（运动素质、反应速度、负荷限度、适应能力、抵抗能力等）。身体健康素质教育也就是我们通常所讲的体育教育，从德育方面来讲，身体健康素质教育就是要教育大学生树立"身体是革命的本钱"的观念。

心理素质是指在认知、情感、意志中所表现出来的求知欲、审美力、乐群性、独立性和坚持力等。它是个人整体素质的一个极为重要的方面，良好的心理素质是大学生学会适应社会、具有良好人际关系、形成健全人格的重要保障。近年来，许多有关大学生心理健康状况的调查资料显示，当代大学生心理矛盾日渐增多，由此引发的心理问题也日渐突出。大学生心理健康问题越来越受到社会的广泛关注，加强大学生心理健康素质教育成为大学生思想政治教育的一项紧迫任务。根据大学生心理健康的基本标准和目前大学生当中普遍出现的心理问题和心理疾病，我们把大学生心理健康素质教育内容分为以下几个方面。

积极适应性教育。进入大学，面对一个与以前截然不同的新环境，许多大学生都会出现程度不等的适应不良症状，这就需要对他们进行积极的适应性教育。要培养大学生适应环境的能力，帮助他们掌握排解心理困扰的方法和技巧，使他们尽快地适应新生活，保持心理健康。

健康情绪教育。大学时期是大学生面临的一个特殊发展时期。面对环境的变化和来自社会、家庭的压力,大学生很容易出现迷惘、焦虑、孤独、自卑、苦闷、空虚等心理障碍。这些障碍若不及时清除,会严重影响他们的健康成长和成才。因此,要让大学生了解人的情绪健康的标准及自身情绪变化的特点,学会体察和表达自己和他人的情绪情感,掌握调节情绪的方法,运用有效的调控手段,使自己经常保持良好的心境和乐观的心态。

加强意志教育。现在的部分大学生成长环境较为优越,缺乏艰苦生活的磨炼,对生活的期望值过高,缺乏迎接困难的心理准备。对此,应引导大学生充分认识意志在成才上的作用以及自身意志品质的弱点,激发大学生以坚强毅力和顽强精神去克服困难的勇气,增强大学生的心理承受力,鼓励他们持之以恒、百折不挠地向着既定目标前进。

健全人格教育。人格障碍是大学生心理健康中比较突出的一个问题,对大学生的健康成长构成了很大的威胁,因此,人格教育是当代大学生心理素质教育的核心和关键。要引导大学生在气质、能力、性格、理想、信念、动机、兴趣、人生观等方面的平衡协调发展,培养他们适中合理的思考问题的能力和恰当灵活的待人接物态度,使他们能与社会的步调合拍,也能与集体融为一体。

人际交往教育。良好的人际关系是维持大学生心理健康的前提。所以要帮助大学生掌握人际交往艺术,学会与人沟通、互助和分享;善于在群体中发挥自己的才干,达到高水平的自我实现;在与人交往的过程中养成宽宏大度、尊重他人、乐于助人的良好品质。

三、开放式理念

随着经济的快速发展和时代的进步,全球化已经成为趋势,各种思潮和文化也随着经济全球化而互相影响、相互碰撞。为此,高校思想政治教育必须顺应时代潮流,树立开放教育理念,积极应对挑战,把高校思想政治教育自觉融入时代潮流之中,使之永远立于不败之地。

高等教育的根本任务是培养人,高校思想政治教育能够在思想和精神上保证学生的健康成长、顺利成才、成功就业。把开放式教育理念引入高校思想政治教育工作之中,构建开放式思想政治教育的体系,旨在突破传统观念,以实现高校思想政治教育教学模式、教学内容、教学目标和管理机制的创新。

开放式教育通过建立和营造一种开放、民主、平等、自由、互动与和谐的教学关系及教育氛围,优化教育资源和环境,借助现代科技手段,构筑起一种新型教育模式,其根本目的在于使学生全面发展。开放的教育理念的提出源自开放式教育的启示。开放的教育理念则源于法国教育家保罗·朗格朗所倡导的终身教育思想,他提出突破传统教育的限制,促使教育发展进入一个全新的理想境界。

(一)开放理念的基本内涵

开放的理念是指教育者不断开阔视野,勤于思考,吸取国内外优秀的文化传统,引导当代大学生努力培养宏观意识、开放的心态、遵循国际准则等意识,使高校思想政治教育顺应时代和世界的潮流。学校教育,育人为本;德智体美,德育为先。在开放的环境中育人育德,是当代高校思想政治教育的基本特征。我们要科学理解当代高校思想政治教育开放育人的丰富时代内涵,通过卓有成效的工作推动当代大学生在日益开放的环境中健康成长,始终保持坚定正确的政治立场,努力成长为面向现代化、面向世界、面向未来的优秀人才。

1. 宏观意识

宏观意识问题实际上是一个大局观的问题,"不谋全局者不足谋一域,不谋万世者不足谋一时"。所以,高校思想政治教育工作要从现实的大局出发,统筹历史、现实、未来,形成宽广的视野。

在教育内容上,一方面,我们需要培养大学生善于从历史中分析问题的根源,并结合具体现实的问题,深入反思和剖析;另一方面,我们需要培养大学生的世界眼光和全局意识,使其认识到民族和国家的发展离不开世界。

培养大学生纵览古今、纵览全局的意识折射出思想政治教育工作的开放性,这证明我们愿意从封闭的状态中走出来,用更加科学的理念指导思想政治教育工作。

2. 开放的心态与意识

全球化是当今世界发展的基本趋势,各国之间相互依存度增强,为寻求更好的发展,各国以一种开放心态积极参与国际竞争与合作。在这种背景下,高校思想政治教育要保持对别的国家、民族的新鲜感和敏锐力,不断吸取别国思想政治教育的经验。

在教育内容上,要注重对大学进行开放性教育,使其对别国文明持理解、认同、尊重、宽容的态度,并且要引导大学生学会从更广阔的视野去看待和分析自己所面临的各种机遇和挑战。

3.遵守国际基本准则的意识

世界经济、文化的交融,需要共同的规则。因此,在高校思想政治教育中,对大学生进行开放理念和规范意识的教育是时代的必然要求。

(二)树立开放理念的意义

1.有利于深化高校思想政治教育教学改革

第一,高校思想政治教育要结合我国国情,提出为我国社会主义建设服务的任务与要求,但在国际化潮流下,思想政治教育也需要考虑与国际接轨的问题,我们不但要培养合格的中国公民,还要培养合格的世界公民,这是高校思想政治教育工作需要确立的新理念与新意识。高校思想政治教育的民族性和世界性并不矛盾,反而是相互促进的,民族性越强就越具有国际意义。

第二,在高校思想政治教育中树立开放理念,对思想政治教育对象具有重要的实践意义。处于新时代的大学生乐于接受新鲜事物,不断尝试新的生活方式,富有竞争意识、平等意识和开放意识,具有较强的公民责任感。

2.有利于加快中国对外开放的步伐

近代以来,中国与世界呈现出了一种双向互动关系,中国取得了飞速发展。当前中国正处于走向世界的黄金机遇期,需要"开放型"的人才贡献力量,大量"开放型"人才的培养又必然推动中国走向世界的步伐。

(三)开放育人的实践路径

开放育人是人的发展、社会的发展以及高等教育的改革与发展向我们提出的新的理念。当代高校思想政治教育要牢固树立开放育人的理念,要架起学校与社会联系和沟通的桥梁。通过深入细致的社会实践活动，体现学校向社会开放、学生向社会学习的理念；要充分利用现代高科技手段，主动占领网络平台，通过建立高校思想政治教育的特色网站，使广大学生受到教育和启迪；要面向世界和未来，使学校向世界开放，使学校为未来培养人才，从而增强大学生的国际意识，培养他们的国际眼光和具备国际人的素质，同时促使他们思考人生和社会发展的长远走势，前瞻性地发展自我。①

四、德育为先教育理念

德育为先理念早在春秋战国时期便已经逐渐形成，儒家学说曾进行过系统阐述，孔子指出："弟子，入则孝，出则悌，谨而信，泛爱众，而亲仁。行有余力，则以学文。"说的就是要首先培养人的道德观念和行为，然后才有闲暇时间和余力来学习文化知识。孔子主教的文献、德行、忠诚、信用四大科目中，德行、忠诚、信用均为典型的德育课，同时儒家学说将智性知识也归为德行知识，德育对智育具有兼容性。这些奠定了中国几千年以德育为先的基调。近现代"德育为先"思想是随着鸦片战争爆发而进入中国历史进程的，德育独大的局面被打破，智育开始变得更为独立于德育，在高校教学课程的设置和教学内容安排上德育的比重下降，智育的比重逐步增长，但总体来说德育为先的传统思想没有被摒弃，并随着时代的发展不断地与时俱进。特别是在当下，德育为先的思想与研究进入了一个深入发展的时期。

五、和谐发展理念

和谐发展追求的是人与人、人与社会、人与自然的和谐。以人为本，促进人的全面发展，是和谐发展的出发点和归宿。和谐社会一直是思想家们梦寐以求的追求目标。在高校思想政治教育中，我们必须用和谐发展的理念教育大学生。

（一）古人对社会和谐的追求

孔子提出"和而不同"，强调"和"是多种因素的并存与互补，揭示了

---

① 钟燕．新媒体视野下大学生思政教育创新探索［M］．天津：天津人民出版社，2022.

和谐的本质特征。老子提出"阴阳冲气以为和",提出了致和的途径。康有为追求的"大同",不仅描绘了理想世界的形态,还给出了实现路径。西方古希腊时期毕达哥拉斯是最早关注和谐概念的哲学家,他在对音乐的研究中发现数的一定比例关系可以产生和谐,进而把这种和谐关系演绎到天体和宇宙中,认为"整个天是一个和谐",宇宙也是一种和谐关系,和谐是对立面的协调或和谐。在社会领域中,他提出要实现社会和谐,统治者与被统治者之间应该以爱相待。苏格拉底将目光从自然哲学领域转向人性探讨和社会领域,认为人之为人,是因为人除了感觉、欲望之外还有灵魂,能够追求"善",人有自觉向善的道德本性,可以在理性的基础上确立一种稳定的道德体系,这种道德体系可以维持和谐的社会秩序。到了近代,随着资本主义制度内部矛盾的加剧,人与社会、人与自然的分裂成为不可逆转的现实,体现人与社会、人与自然和谐统一的美不存在了。

（二）和谐发展的主要内容

在高校思想政治教育过程中应适应现代社会的发展,以和谐发展理念为指导,使大学生在人际交往、环境营造、管理机制和理念、文化和谐的氛围中接受思想政治教育。

1.人际交往的和谐

人是社会的人,人类离不开相互之间的交往。随着互联网技术的快速发展,大学生普遍成为网络原住民,但是人是现实中的人,人不能仅生活在虚拟世界中,因而现实中的人际交往仍然很重要。大学生的主要精力是学习,大部分时间在校园里度过,他们人际交往的范围也比较狭窄,这并不利于大学生自身的成长,应加以改变。那么如何才能改善大学生的人际交往,达到和谐状态呢?

首先,大学生应进行内在调整,要先从自我开始,重新认识自我、尊重自我、接受自我,正视和包容自己的缺陷和不足。

其次,待人要诚恳真切,没有人愿意和一个虚情假意的人进行心与心的沟通。

再次,要有一颗开放的心,不仅要学会走出自己面临的困境,还要培养对自然与社会的好奇心与热情。

最后,要努力提升自我,在人际交往中不仅能弘扬正能量以感染人,还要不迷失自我。同时,社会或高校也应对人际交往方面有困难的同学予以帮助,尊重他们,鼓励他们,使他们在人际交往方面达到和谐状态。

2.营造和谐环境

和谐环境的营造在高校思想政治教育中具有重要的意义,它对培养大学生的政治认知、实践能力、分析问题和解决问题的能力以及大学生思想政治素质起到重要作用,是加强和改进高校思想政治教育系统中不可分割的重要因素。

营造高校思想政治教育的和谐环境,就要从高校思想政治教育工作的理念和体系、管理体制、教育内容和传统的教育方法的革新、学校内部硬软件建设、教学管理等各个方面建立符合并体现各个构成要素的内在联系,并确保其有效运行,使之成为人们普遍认可并自觉选择的评判标准和行为。

营造和谐的思想政治教育环境应从以下几个方面入手。

(1)加强高校思想政治教育工作队伍建设

这是营造大学生思想教育和谐环境的前提。加强和改善高校思想政治教育工作是由社会主义高校的本质属性决定的,在任何时候和任何条件下都应对其地位给予保障。思想政治教育工作是教育人的工作,具有示范和导向作用。好的形象能够增强思想政治教育工作的说服力、凝聚力和感召力,这就要求从事这项工作的队伍应当由素质强、觉悟高、作风硬且具有合理知识结构和丰富工作经验的优秀人才组成。应本着"精干高效"的原则,建立一支能适应新时代高校思想政治教育工作的高素质的专兼职队伍。[①]

(2)提高思想政治教育工作队伍的整体能力和素质

高校思想政治教育工作者要有驾驭思想政治教育工作的能力,使大学生感到工作是实在的、可信的、真诚的。"亲其师才能信其道",这就要求高校思想政治教育工作者树立起虚心好学的形象,树立起奋斗者与奉献者的形象,树立起勇于创新的开拓者形象,树立起实事求是的务实者形象。

(3)实现多种教育教学方式的和谐

切实改进高校思想政治理论课教学的方式和方法,使之努力贴近大学生实际,符合教育规律、大学生成长规律和学习特点,提倡启发式、参与

---

① 毛振军.21世纪中国大学生思想教育科学体系构建研究[M].天津:天津科学技术出版社,2013.

式、研究式教学,活跃教学气氛,启发大学生思考,增强教学效果。为顺应时代发展潮流,对教师进行现代教育技术培训显得尤为必要。教师应充分利用高校资源优势,运用多媒体、网络等现代传播手段,充分重视网络论坛,发挥校园网主阵地的正面效能,建立思想政治教育网络平台,形成正确的校园信息导向。要大力推进多媒体和网络技术的广泛应用,加强校园文化建设,发挥第二课堂作用,努力营造有利于大学生全面成长和发展的和谐环境和氛围。

3. 管理机制和理念的和谐

建立和谐的管理机制和理念,把高校思想政治教育融于高校管理之中,建立长效工作机制,有效地引导大学生的思想和行为。要实现管理机制和理念和谐,就要努力做到以下几点。

一是要明确加强和改进高校思想政治教育的主要任务,把和谐管理体现在实际工作的指导思想、基本思路和工作方法之中,体现在实际的工作成效上,既注重大学生的全面发展,又重视大学生个性和特长的发挥,将人性化与制度化管理有机地结合起来。

二是要实现从传统管理向现代管理的转变,建立开放务实的管理机制,做到思想政治教育的管理决策、管理权力、管理运作、管理方法、管理责任、管理利益一体化。

三是要运用现代工程建设的办法来抓教育管理。高校思想政治教育本身就是一项系统工程,我们可以借鉴工程建设中的科学程序与办法来抓好高校思想政治教育管理。

4. 文化的和谐

文化的和谐是我国构建社会主义和谐社会的重要组成部分,也是构建我国和谐社会的思想基础。在多元化发展的背景下,高校思想政治教育工作者必须有清醒的文化价值立场,从开展和谐文化建设的视野思考高校思想政治教育工作。

一是加强社会主义意识形态教育,用社会主义核心价值观引领大学生文化生活。文化的要义在于提升文化品位,丰富心灵境界,这与思想政治教育育人的宗旨相契合。高校思想政治教育工作的关键是促进大学生接受与认同属于意识形态核心成分的社会价值规范。文化多元化背景下高校思想政治教育必须不断强化社会主义意识形态。

二是既要坚持先进文化的前进方向，又要努力发挥多种文化的作用。我国社会主义和谐文化建设坚持先进文化的前进方向，坚持一元主导与多样发展的统一。高校思想政治教育的文化属性规定了自身必须对和谐文化建设的原则作出合理借鉴，确立清醒的文化价值立场。文化的一元性与多元性的关系，反映在高校思想政治教育领域就是要坚持社会主义意识形态的一元主导与多元共存的辩证统一。高校思想政治教育必须摒弃"训导观"，倡导"指导观"，绝不能回避多元化文化中存在的多元价值观，应当指导大学生在对各种价值取向与道德规范的社会价值进行分析、比较与鉴别的基础上，自主、合理地选择真正符合时代要求的价值观。高校思想政治教育必须利用现代教学手段，掌握多种文化传媒技术，不断加强对思想政治教育环境的预测，主动接纳各种不同文化的辐射，指引当代大学生参与主流文化、精英文化、通俗文化之间的交流。这是文化多元化背景下和谐文化建设过程中高校思想政治教育的重要使命。

六、素质教育理念

素质教育是依照受教育者身心发展和社会发展目标的需要，以全面提高全体受教育者的基本素质为根本目的，以尊重受教育者主体性、个性化发展，注重人的创新能力培养，为受教育者终身学习打下良好基础为特征的教育。

素质教育是一种价值教育，以实现人的全面发展为目标。它具有以下几个方面特征。

1. 具有社会性

素质教育不能脱离社会的政治、经济、文化等因素而孤立存在，必须放到社会大系统中进行。素质教育也是按照社会的要求、依照教育对象自身发展的特点去培养人、塑造人。在社会主义社会，素质教育必须按照社会主义教育方针的要求，培养德智体美劳全面发展的社会主义建设者和接班人。

2. 具有全体性

素质教育的目标不是哪一部分人，而是面向全民族，是提高全民族的整体素质。大学生是我国未来社会的接班人和建设者，面向全体学生实行的素质教育不仅是教育机会均等的体现,也是我国全体公民素质提高的必然要求。素质教育不是一种英才教育,它要求每个学生都在自己原有的基础上和天赋允许的范围内充分发展,它不仅着眼于当前的社会需要,更注重未来社会和人类发展的需要。

3. 具有全面性

素质教育的目标不是人的某一方面的发展,而是人的综合、全面发展。目前,我国素质教育体现出的人的全面发展主要表现为人的德智体美劳全面发展。

4. 具有个性化和主体性

现代社会是多样化的社会,需要各类型人才,因而,素质教育在培养人的过程中不仅注重了人的个性化发展,还体现出主体性特点。个性发展是学生自身发展的落脚点和最终体现,素质教育不满足于每个人一般的、共同的发展,而是根据人的千差万别的自然本性,鼓励并积极创造条件来促进其个性的发展,同时有效地引导学生,激发其主动性、创造性。每个学生在学校里都受到同样的重视,学生的不同特点都受到尊重,并且主张在课程设置、教学形式、评价方式等各个方面为学生的个性发展创造条件。

5. 具有创造性

社会的发展需要大批具有开拓精神和创新能力的人才。因此,有必要培养学生独立思考的意识,探索真理的志向,提高学生自主学习的能力。素质教育是在人的全面发展的基础上,以人的各方面素质互相促进而使人的综合素质得到提高为立论基础,突出强调人的创新能力和实践能力的培养。同时,素质教育又是面向大众的,目的是提高人的基本品质。要求全体学生都具有创新精神和创新能力,事实上也是做不到的,因此,创新教育是比素质教育层次更高的一种教育思想。

全面有效地实施素质教育,主要在于对大学生进行思想政治素质教育。必须全面贯彻党的教育方针,不断加强对大学生的爱国主义、集体主义和社会主义思想教育。

七、改革创新理念

（一）改革创新的基本原则

1. 解放思想、实事求是

解放思想、实事求是，是毛泽东思想、邓小平理论的精髓，作为以党的基本理论为指南的高校思想政治教育改革创新，也必定要坚持解放思想、实事求是。只有解放思想、实事求是，摆脱过时的思想观念和陈旧的思维方式的束缚，才能敢于研究新情况，解决新问题，创造新成果。坚持解放思想、实事求是，必须以党的最新理论成果为指导。党的最新理论成果，是在科学判断党的历史方位的基础上提出来的，是我们党艰辛探索和伟大实践的必然结论，不言而喻，也是指引高校思想政治教育改革创新的根本指导思想。坚持解放思想、实事求是，必须坚持发展的观点，积极适应国家建设的需要。这要求高校思想政治教育要适应新的变化，在教育内容、方法手段和管理机制等方面改革创新；坚持解放思想、实事求是，必须从我国的实际情况出发，开阔视野，放眼世界，有选择地吸收外国的有益经验，使高校思想政治教育得以丰富和发展。

2. 保持优势、创新发展

高校思想政治教育改革创新是一个复杂的系统工程，既要有创新精神，又要有科学态度。保持优势，创新发展，实际上是强调高校思想政治教育要在继承优良传统的基础上改革创新，这是高校思想政治教育发展的客观要求，是一条必须遵循的客观规律。坚持保持优势，创新发展，必须有利于巩固和加强高校思想政治教育的基础性地位。思想政治教育是大学教育的基础性课题，是大学生进行科学文化学习的前提与基础。高校思想政治教育的改革和发展必须有利于继续巩固和加强其基础性地位。坚持保持优势，创新发展，必须有利于充分发挥高校思想政治教育的作用。思想政治教育的作用是否能得到充分发挥，受制于多方面因素。思想政治教育的改革创新，就是要研究在新的历史时期，哪些因素有利于思想政治教育作用的发挥，并对这些因素进行促进和发展。

（二）改革创新的主要内容

1. 形成思想政治教育的新体系

制度建设更具有根本性、全局性、稳定性和长期性。研究和制定政策和制度，是高校思想政治教育的重要任务，也是高校思想政治教育的重要内容。新世纪高校思想政治教育的改革创新，必须把政策制度的调整与完善作为重点。要着眼于新的历史时期和社会主义市场经济环境中出现的新情况，及时进行补充、调整和完善，加快改革步伐，以形成政策制度的新体系。既要及时适应新情况，积极地实验与实施，又要坚持稳妥可靠，深入调查研究，反复科学论证，不能朝令夕改，甚至顾此失彼。要通过相关政策制度的研究和制定，逐步形成一套促进大学教育长远发展、思想政治教育充分发挥作用的政策制度体系。

2. 探索思想政治教育的新手段

科技含量的高低，是衡量大学教育的重要标志之一，也是衡量高校思想政治教育水平的重要标志之一。要积极吸取现代科技发展的成果，注意发挥计算机网络等现代信息技术和大众传媒的作用。在信息时代，必须积极运用各种先进的科学手段，加大思想政治教育自身的科技含量，把先进的科学手段运用到思想政治教育中。当代高科技的迅速发展，新的科技成果，为思想政治教育提供了新的载体和条件，为精神产品的开发和传播，提供了前所未有的方法和手段。把教育信息和现代高科技结合起来，发展思想政治教育的载体，广泛利用现代化媒体，建立网络思想政治教育等，都是高校思想政治教育必须拓展的新领域。

第二节　高校思想政治教育的原则

随着改革开放的不断深入，新的时代背景和社会环境对当代大学生的思想产生了强烈冲击。为了更好地对大学生进行思想政治教育，必须构建高校思想政治教育的科学体系,首先就要确定这种科学体系构建的基本原则。高校思想政治教育的原则,是在高校思想政治教育实践中形成的,贯穿于高校思想政治教育全过程。

一、教书与育人相结合原则

教书与育人相结合原则是高校思想政治教育工作的一项基本原则。所谓教书与育人相结合,是指教师在教学过程中,通过各种教学活动和各个教学环节,全面提高学生的素质和能力。把教书与育人贯穿于教育的全过程,既是我国传统教育思想的体现,也是教育目标的要求,更是高校培养社会主义现代化建设合格人才的需要。

中国教育历来重视教书与育人的有机结合。《礼记·学记》中就有"师者,教之以事而喻诸德者也";韩愈的"师者,所以传道、授业、解惑也"更是对教师的职责进行了精辟的概括;人民教育家陶行知先生也指出:"千教万教教人求真,千学万学学会做人。"在 20 世纪 50 年代,我党就明确提出了"教书育人"的口号;20 世纪 80 年代中后期,逐步形成了"教书育人、管理育人、服务育人"的共识和理念,正是以教书育人为导向,我们的教育事业培养出了大批国家建设急需的人才。坚持教书与育人相结合的原则,必须首先理解其辩证关系。

(一)教书与育人的辩证关系

教书与育人是一个有机整体,教书是手段,育人是目的,正如德国教育家赫尔巴特所说:"教学永远具有教育性。"这是一条永恒不变的法则。大学教育正是大学生形成世界观、人生观和价值观的重要阶段,大学生思想素质的好坏、专业水平的高低、运用知识能力的强弱都直接关系着社会主义和谐社会的建设和现代化的成败。因此,思想政治教育不仅要向学生传授科学文化知识,更应该教会他们为人处世的道理,以促使他们得到人格的升华和素质的完善。

(二)坚持教书与育人的有机结合

坚持教书与育人的有机结合,要求教师在教学过程中,在向学生讲授知识的同时,积极、主动地利用各种教学活动和各个教学环节,教会学生"学会生活""学会做人"。要求教师在不同的教学岗位和教学环节,都明确自己对学生的责任,时刻注重对学生的理想、信念、品德、情操的教育和培养,教师既要教好书又要育好人。具体说,教书与育人相结合原则的贯彻实施要做到以下几点。

1. 寓思想教育于教学之中

教书育人,教学是基础,育人是关键。我们要把思想教育工作渗透到各种教学和教学的各个环节中去,把传道、授业、解惑结合起来。这就要求教师在传授知识的过程中,要注意发挥和挖掘教材的思想性、知识性和趣味性,有机地结合社会实际和大学生思想实际,调动大学生的学习积极性,帮助大学生处理好德育与智育的关系,把思想政治教育工作渗透到大学生的各项学习活动之中,使他们酷爱学习,精于专业,从而达到我们所期待的目的。

2. 要正确处理思想政治教育和大学生学习活动的辩证关系

教书与育人,二者是相互联系、相互促进的。无论是自然科学还是社会科学的教师,都要结合教材特点,加强对学生的全面教育和培养,自觉地做到教书育人,发挥思想政治教育对大学生学习活动的方向引导作用和内在激励作用。因此,要教好书、育好人,就要正确把握高校思想政治教育和知识学习活动相结合的程度、方式,以满足大学生思想政治工作作用的发挥和大学生全面发展的需要。

3. 关心爱护学生,深入了解学生,做学生的良师益友

热爱学生,关心学生,是教师职业道德的核心,是教师热爱教育事业的具体表现,正如我国著名教育家夏丏尊所言:"教育之不能没有爱,犹如池塘之不能没有水,没有爱就没有教师。"教师要在学业、思想、生活、身体等多方面关心学生、爱护学生。

二、教育与自我教育相结合原则

教育是一种社会实践过程。它包括教师(包括各种教育者)的教书育人(传道、授业、解惑)和学生的学习、成才。在教的过程中要充分发挥教师教的主观能动性,而在学的过程中则要充分发挥学生学的主观能动

性,二者缺一不可。因此,教育不是一个单一的社会实践过程,而是由上述两个子过程交织而成的复合过程。高校思想政治教育也是如此。

大学生的思想政治教育就是通过学校教师、党团组织对学生进行政治理论、思想品德和科学文化知识等方面的教育,引导和帮助他们形成正确的世界观、人生观和价值观,使其成为符合要求的社会主义建设者和可靠的接班人。大学生的自我教育,是指大学生为了形成良好的道德品质而自觉进行的思想转化活动和行为控制活动,是培养创新人才的必要条件。

正确贯彻教育与自我教育相结合的原则,就要一方面充分发挥学校的教育引导作用;另一方面,又要充分调动大学生自身的积极性和主动性,以促进学生的全面发展为根本,充分尊重学生的主体地位,通过他们思想的矛盾运动来达到转变思想、提高觉悟的目的。[①]

在高校思想政治教育中,坚持教育与自我教育相结合的原则,就必须做到以下几点。

1. 建立平等互助的新型师生关系

在高校思想政治教育过程中,教师与学生之间应该建立起平等互动、互相尊重、互相学习的新型关系,通过有效的交流和行动的积极参与,调动教师实施教育与学生接受教育两个方面的积极性,以收到理想的教育效果。

2. 重视大学生的自我教育

大学生要具备自我教育的能力,要求教育者在教育实践中通过多种途径主动帮助和激发大学生主体能力的构建。大学生要实现自我教育,充分发挥主体的能力,主要从以下几个方面着手。

思想政治教育者要注重启发大学生的自我教育意识,引导他们通过自主学习、自觉参与以及反省、反思、自我思想改造等自我修养途径,不断提高自己的思想道德水平。

要打好学生的理论基础。理论的学习是高校思想政治教育中不可缺少的一环。理论教育法是思想政治教育最主要、最基本的方法,也是大学

---

① 刘婷婷,魏灿欣.大学生思想政治教育理论与实践浅析[M].北京:中国轻工业出版社,2015.

生打好理论基础最直接的方法。大学生只有具备坚实的理论基础,才能以正确的理论指引自己的行为,才能在现实中明辨是非,为自己找准努力的方向。在当代复杂多变的社会生活面前,人们比以往任何时候更加需要用科学的思想和理论来指导自己进行正确的选择和决策,以便更加有效地认识环境。

要创造有利于大学生进行自我教育的条件,积极引导大学生进行自我教育。应当通过各种渠道和形式对大学生的自我教育活动予以支持、引导和帮助,鼓励大学生开展他们热爱的、健康的、有益的、丰富多彩的各种活动,如学生社团开展的勤工俭学、学生宿舍文化建设、网上论坛等活动。为大学生创造一切有利条件,调动他们的积极性和主动性,使他们在活动中自我教育,相互影响,达到自我教育的最佳效果。

要引导大学生开展批评和自我批评,在严格的自我批评和与人为善的相互批评过程中,教育自己、教育别人、相互借鉴、共同提高。要吸收大学生参加学校的民主管理,组织大学生参加社会实践活动,使他们在民主生活和社会实践中得到锻炼,增长知识和才干,增强主人翁精神和社会责任感。要有计划地组织民主讨论,引导他们在民主的气氛中各抒己见、交流思想,坚持真理、修正错误、集思广益、相得益彰。

树立成功的榜样。榜样示范法是指通过具有典型、榜样意义的人或事的示范引导作用,教育人们提高思想认识、规范自身行为的方法。榜样教育具有形象、生动的特点,它是理论与实际的有机结合。大学生用榜样的力量激励自己,在心中树立成功的典范,为自己指明努力的方向,会产生更强的感染力和说服力,在自我教育中收到很好的效果。通过典型事迹大学生可以看到榜样的成功之处,明确努力方向,从而努力奋斗,在改造客观世界的过程中全面提升自己的思想道德素质。必须实事求是地选择对自己有影响力的典型,否则难以真正从思想到行动上得到认同,也起不到典型引导的作用。

3. 提高"三支队伍"的基本素质

"三支队伍"是指党政干部和共青团干部、思想政治理论课和哲学社会科学课教师、辅导员和班主任。要提高他们的政治素质和业务素质,通过一系列思想政治教育的步骤和环节,引导教育对象具备高尚的人格和品质,向社会要求的方向发展;还要掌握良好的教育手段和方法,让思想政治教育的内容深入教育对象的心中,推动整个思想政治教育过程的进展,并能利用信息网络技术,拓展思想政治教育的空间和渠道,这些都对

"三支队伍"基本素质提出了严格的要求。

三、政治理论教育与社会实践相结合原则

在思想政治教育中既要注重理论教育,又要注重实践教育,强调行为养成,实现知行统一。理论教育是思想政治工作的基础环节,要增强对大学生理论教育的效果,就要从不断地改进学习的方式方法和载体入手,要生动活泼,讲求效果,要入情入理,用事实来教育大家,通过相应的图片和声像,宣传思想理论;通过大家喜闻乐见、愿意接受的活动形式,宣传思想理论,提高马克思主义理论水平和执行党的路线、方针、政策的自觉性。但理论来自实践又应用指导实践,只有在实践中才能充分表现出其价值与魅力。

深入开展社会实践,使政治理论教育真正结合实际,就必须加强和改进政治理论教育,探索和建立实践育人的保障体系和长效机制。要积极组织大学生参加内容丰富、形式多样、动员广泛的社会实践活动,比如勤工俭学、生产劳动、志愿服务、公益活动、科技开发等,建设校内外社会实践的基地,形成科学的社会实践评价体系,完善社会实践的领导体系。巩固和发展政治理论教育与社会实践相结合的有效机制,从整体上推进高校思想政治教育,把高校思想政治教育提高到一个新的水平、新的台阶。

四、解决思想问题与解决实际问题相结合原则

思想问题一般都来自实际问题,大学生的思想问题多数是由学习生活中的一些实际问题引起的,如果单纯地解决思想问题,而不注意解决大学生的实际问题,思想教育只会成为"空洞"的教条,脱离学生实际的思想政治教育只能适得其反。

改革开放以来,我国高等教育有了长足的发展,特别是1999年实行扩招政策以来,高等教育的发展规模实现了历史性的突破,进入了国际公认的大众化发展阶段。因此,大学生的思想政治教育,必须坚持解决思想问题与解决实际问题相结合,坚持讲道理与办实事的统一,深入实际,真实地了解大学生存在的实际问题,以解决思想问题为主,在解决思想问题过程中真正解决实际问题。在思想政治教育的实践中具体应该做到以下几个方面。

第一，要围绕大学生成长成才问题，改善办学条件，提高办学质量，这是加强高校思想政治教育的重要基础，也是高校发展的根本。高校要把教育教学质量作为评价和衡量高校工作水平的重要依据，从严治教，加强管理，不断提高教师队伍的思想业务素质；不断深化高校后勤社会化改革，推进高校管理机构、人事制度、分配制度改革，增强办学活力；继续加大办学模式、教学内容、教学方法和课程体系的改革力度，努力提高教育质量和办学效益；推进高校招生、考试和就业制度的改革，努力适应现代化建设和人才市场的要求。

第二，要努力研究在校大学生思想发展的规律，把握大学生思想问题的症结。在高等教育大众化背景下，大学生遇到的问题存在着一定的共性，如世界观、人生观、价值观和道德观的问题，理想信念问题，学习择业问题，人际关系问题，恋爱问题，心理问题等，这些问题是大学生学习和生活的直接反映。思想政治教育者要对大学生的学习、生活进行深入细致的观察，与学生交朋友，深入了解学生思想问题出现的原因，并联系实际采取有效措施予以解决。

第三，要进一步做好大学生的就业工作，加强择业教育，帮助大学生树立正确的择业和就业观念。进一步建立健全大学生就业指导机构和就业信息服务系统，为他们提供良好的就业和创业环境，把党和政府对大学生的关怀落到实处。

第四，要营造良好的校园文化氛围。学校要开展丰富多彩的课外活动，让大学生在活动中激情励志、受到启发、获得充实。教师要在具体的课堂教学中，注重学生的人文素质和综合能力的培养，为学生提供互相交流的平台，营造团结上进的校园文化氛围。

五、教育与管理相结合原则

教育和管理统一于高校思想政治教育中，教育着眼于人的思想，它使学生形成一定的政治观念、法律观念和道德观念，而管理则在于规范学生的政治行为、法律行为和道德行为。教育通过内在的思想来管理人，管理通过外在的约束来教育人，教育之中有管理，管理之中有教育，两者相辅相成，缺一不可。

坚持教育和管理相结合，有两层含义：一是坚持管理育人，把思想政治教育与大学生日常学习、生活管理结合起来；二是把学校的思想政治工作制度化，使思想政治教育得到制度的规范、保障和支持，这有助于建立思想政治教育的长效机制，起到规范思想政治工作者的职责、职业道德、行为、工作程序等作用。

坚持教育和管理相结合,把思想政治教育与课程教学、严格管理制度、学生自我管理和纪律教育等有机结合起来,才能收到理想的效果。无论学校的教学工作还是管理工作,都既要进行思想教育,又要依靠一定的法律法规、校规校纪来约束,两者互相配合,促进大学生的知和行的统一。要使学生了解学校的规章制度和管理规范,充分发挥规章制度规范学生行为的功能。在新生一入学,就组织学习,使他们懂得:什么应该做,应该怎么做;什么不应该做,做了将受到何种惩罚;哪些事情是学校积极鼓励的,做了会得到怎样的奖励等。这有助于大学生养成自我约束、自我激励的心理素质,也使学校的规章制度逐渐内化为大学生的行为品质。要加强校园文化建设,使其成为高校思想政治教育的自觉手段,优良的校风、教风、学风,丰富多彩的学术、科技、体育、文艺活动,完善的校园文化设施,这一切"软管理手段"都能够潜移默化地增强大学生的自我教育意识,提高大学生的思想道德素质。

六、继承优良传统与改进创新相结合原则

思想政治工作是党的优良传统和政治优势,它与党的创立、发展、壮大紧密联系在一起,在每一个历史时期、每一个关键时刻都发挥着重要作用。长期以来,高校在思想政治教育过程中积累了许多成功的经验,但面对新形势、新任务,要增强实效性,充分发挥高校思想政治工作教育人、引导人的作用,就必须与时俱进,不断改进创新。当前,伴随着社会生活方式日益多样化,思想政治教育的时代、环境、任务、对象都发生了变化,大学生的思想、心理、行为、追求都呈现出新的特点,思想政治教育既面临有利条件,也面临严峻挑战。这种形势下,再遵循原来的内容、按照原来的方法显然不能解决大学生的各种问题,思想政治教育必须不断改革创新才能适应不断变化的客观实际的要求。

坚持继承优良传统与改进创新相结合,就要不断丰富高校思想政治教育的内容,并结合时代发展的特点和要求,增添新内容。如对大学生进行社会主义荣辱观教育和科学发展观教育,进行东西方思想比较教育,进行市场经济与集体主义教育,进行理论与社会实践相结合教育等,使思想政治教育的内容与时代同步。在思想政治教育的方法上,要突破传统的"灌输法",因人、因事、因时而变化,用学生喜闻乐见、愿意接受的形式,如谈心法、疏导法、形象法等潜移默化的方法,拓宽高校思想政治教育的途径,增强思想政治教育的针对性和实效性。在思想政治教育的手段上,要

充分利用互联网这一现代化的宣传工具,趋利避害,积极开展网络思想政治教育,迎接信息网络时代挑战。

第三节　高校思想政治教育的目标

思想政治教育目标是社会发展中一个根本性、方向性的问题,它为民族的振兴和发展、国家的长治久安提供精神保证。为实现这一总目标,我国的思想政治教育围绕思想、政治、道德、法纪、心理等内容展开。中华人民共和国成立以来,党和国家在不同的历史时期,根据不同的历史条件和学生的思想实际,围绕"共产主义理想教育"和"党的路线、方针及政策教育"提出过不同的思想政治教育目标。

随着经济和社会的发展,科技和教育地位凸显。随着全球范围内的信息产业的进步,高等教育发展迎来了良好机遇,同时也面临严峻的挑战。高等教育要造就有理想、有道德、有文化、有纪律,德智体美劳全面发展的社会主义合格建设者和可靠接班人,必须重视高校思想政治教育。要使高校思想政治教育真正落到实处,收到实效,就必须遵循党的教育方针,根据经济发展与社会进步对人才素质的要求,从大学生思想道德水平和政治素质实际出发,确定高校思想政治教育目标。

一、确立高校思想政治教育目标的意义

(一)开展高校思想政治教育活动的前提

只有确立高校思想政治教育目标,才能依照目标的要求来确定教育的内容、实施的途径方法,遴选合适的实施执行者,安排合理的时间和必要的制度,才能制定出思想政治教育体系的具体任务,使思想政治教育工作者和大学生的双向互动机制有目的、有计划地进行,高校思想政治教育的成效才能有科学客观的评价标准。

（二）提高大学生参与思想政治教育活动自觉性的关键

由于目标具有导向性和可测性，目标一旦确立，就会显示出明确的发展方向和社会价值，使高校思想政治教育工作者与大学生都能从中感受到目标实现所带来的人才效应及精神需要的满足，从而使目标产生导向和激励效应，激发和推动人们自觉、积极地为实现目标而奋斗。

（三）检验高校思想政治教育效果的重要依据

高校思想政治教育目标具有双重功能，它是高校思想政治教育活动的起点和终点。目标在高校思想政治教育过程中所处的这一特殊地位，使它成为评估高校思想政治教育效果指标的依据。一般而言，目标比较原则化和抽象化，如果将其具化为一系列定性与定量的指标，就能评定高校思想政治教育的实际效果，从中检验出教育活动的过程是否正常运行，是否偏离目标所指引的方向。同时，以高校思想政治教育目标为依据，还可以从评估指标中测出预期的教育效果是否达到或达到的实际程度。

二、高校思想政治教育目标分析

高校思想政治教育目标有一定的层次性和系统性，它融于整个社会主义精神文明建设的大系统中，反映了大学生身心健康成长各方面的相互影响、相互作用，形成了外在结构和内在结构的大系统。

（一）高校思想政治教育目标的外在结构

高校思想政治教育是社会主义精神文明建设的一个重要组成部分，它是社会主义政治、思想、道德等社会意识形态在大学生个性心理中的内化，并在大学生德智体美劳等方面的发展中起指导作用。因此，社会意识形态、智育、体育、美育、劳育、个性心理品质教育等对思想政治教育的影响，是认识思想政治教育内容不可缺少的重要因素，是构成高校思想政治教育目标的外在结构。

1.社会意识形态

在高校思想政治教育的目标内容中，科学世界观和方法论的形成是基础,它决定或制约着社会主义的人生观、价值观、道德观的形成。政治思想是经济基础、阶级利益关系最直接最集中的反映和表现。政治思想在社会意识形态中处于主导地位,并对其他形式的社会意识起着直接的、全面的、重大的制约影响作用,同样也对思想政治教育,特别是对思想政治教育目标和内容起着制约作用。在社会主义社会,马克思主义在意识形态领域处于指导地位,它对社会主义思想政治教育目标、内容以至整个过程都发生直接、全面、重大的制约影响作用。

道德观念制约影响思想政治教育目标的基本内容。在社会主义社会,集体主义是思想道德建设的核心,它对思想政治教育内容中的人生观、价值观,包括苦乐观、荣辱观、义利观等各方面目标内容,都起着核心枢纽作用。

科学也是影响高校思想政治教育目标内容的一个基本方面。社会主义建设者和接班人要求具有现代科学知识、科学精神、科学素养,形成现代科学思维方式,这是形成正确思想政治教育观的重要基础。

2. 智育、体育、美育、劳育

思想政治教育与智育、体育、美育、劳育统一于培养人的活动之中,它们相互渗透又相互制约。

首先,它们统一于培养人的活动之中,存在于教育的整体结构之中。

其次,它们又是相互渗透的,智育、体育、美育、劳育之中包含思想政治教育的因素。

最后,它们之间是相互制约和促进的。人的体质、智力、品德、美感之间是对立统一的。只有思想政治教育与体育、智育、美育、劳育配合进行,才能彼此促进,培养出符合社会需要的、在德智体美劳诸方面都能得到发展的社会主义建设者和接班人。

3. 个性心理品质教育

个性心理品质教育和思想政治教育之间关系很复杂。个性心理品质一方面受到一定社会政治、思想、道德、规范的制约,另一方面又是形成政治、思想、品质的基础,政治品质、思想品质与道德品质只有与个性心理品质融合,才会根深蒂固。思想政治教育过程本身就是内化与外化相结合的过程。外部的政治思想及道德要求只有内化为个体的知、情、意,才能外化为行为。

（二）高校思想政治教育目标的内在结构

在当代中国,高校思想政治教育的基本内容包括社会主义道德教育、政治教育、思想意识教育三个部分。社会主义道德教育处于基础性层次,政治教育处于中等层次,思想意识教育则处于最高层次。低一级层次上的教育要以高于它的层次上的教育为指导,高一级层次的教育要以低于它的层次上的教育为基础。

道德教育是以社会主义、共产主义的道德准则和规范教育大学生的,具体包括调整社会生活中人我、群我关系以及人与自然的物我关系的道德准则和规范的教育,调整社会公共生活、职业生活、婚恋家庭生活的道德准则和规范的教育,包括以为人民服务为核心的社会公德、国民公德、人道主义、集体主义四个层次道德的教育以及谦虚、谨慎、自尊、自爱、自强、惜时、守信、诚实、正直、勇敢、勤劳、俭朴等优秀品德的培养。

政治思想是社会政治关系和人们物质利益的反映和表现。在阶级社会里,各阶级都非常重视用本阶级的政治思想及其体现的政治规范教育人,以维护其政治经济利益。在社会主义中国,现阶段的政治教育包括党的基本理论、基本路线、基本纲领的宣传教育,科学发展观教育,社会主义、爱国主义教育等内容。

在社会主义社会,思想意识教育特指科学世界观教育,马克思主义基本立场、观点、方法教育,核心是共产主义理想教育,具体包括科学人生观教育,无神论教育,辩证唯物主义世界观、方法论教育和理想教育等。

高校思想政治教育的三方面内容是相互联系、三位一体的。

三、高校思想政治教育目标定位

（一）高校思想政治教育的目标定位依据

要体现党的教育方针和思想政治教育目标,高等学校必须坚持社会主义办学方向,加强高校思想政治教育,努力培养造就具有社会主义思想觉悟和良好道德修养的优秀人才。

1.要满足社会发展的需要

高校思想政治教育是社会实践活动的重要组成部分,它既是社会发展的产物,也是促进社会进一步发展的条件。确立高校思想政治教育目标,必须适应和满足一定的社会发展需要。在社会发展进程中,生产力是决定因素,它决定和推动着生产关系和上层建筑的变化和发展,推动着整个社会的变化和发展。

2. 要体现大学生自身发展的需要

高校思想政治教育是培养和塑造大学生的活动,正确认识和分析大学生的主体特点和需要是目标设定的起点和基础。高校思想政治教育目标的设定只有符合大学生的特点和需要,才能更有效地促进大学生的和谐发展。如果忽视大学生的特点和需要,思想政治教育就容易沦为空洞的说教。因此,高校思想政治教育目标的设定,既要满足社会发展的客观需要,又要体现大学生的主体特点和需要。只有当目标建立在社会发展与大学生的发展的客观现实基础上,才能真正引导人们积极从事教育实践活动。

3. 要体现整体性和层次性

确定高校思想政治教育目标,必须注意目标体系的整体协调,既要有世界观、人生观、价值观方面的要求,也要有民族精神、基本道德规范、人文素养、科学精神、健康体质等方面的要求,同时还要注意目标体系的层次性,既要有立足于大学生实际的普适性目标,又要引导大学生不断追求更高的目标。

(二)高校思想政治教育目标体系

1. 按性质分——根本目标和具体目标

根本目标对具体目标起着支配作用,具体目标是根本目标在不同层次上的展开。高校思想政治教育的根本目标是促进大学生的全面发展,这是由高校思想政治教育的根本性质和任务决定的。高校思想政治教育的具体目标表现为多个层次,应以爱祖国、爱人民、爱劳动、爱科学、爱社会主义为目标。

2. 按目标实现的时间分——长期目标、中期目标和近期目标

长期目标指的是需要经过相当长时间的持续努力才能实现的思想政治教育目标。中期目标是指需要经过较长时间的努力才能实现的目标。高校思想政治教育在不同的社会历史发展阶段,有不同的目标。高校思想政治教育的近期目标反映社会某一发展阶段的特点和需要,贯穿于高校思想政治教育全过程。

3. 按照管理层级划分——总目标和分目标

目标管理的内涵具有三层含义:组织目标是共同商定的,而不是上级下指标、下级提保证;根据组织的总目标决定每个部门以及每个成员应达成的分目标;以这些总目标和分目标作为部门活动和成员活动的依据,一切活动都围绕着如何达成这些目标,将履行职责转化为达到目标的活动。

四、高校思想政治教育具体目标

（一）高校思想政治教育目标的内涵

高校思想政治教育目标就是高校思想政治教育所要达到的预期结果或总体质量标准。

1. 思想素质目标

明确辩证唯物主义的思想,树立正确的"三观",在生活中不断锻炼自己尝试运用马克思主义世界观和方法论进行思考和判断;培养集体至上的"三观",批判享乐主义和拜金主义,明确国家利益高于个人利益的思想,对建设富强祖国充满信心和力量,为祖国作贡献才是青春正确的方向。

2. 道德素质目标

以集体利益为最高荣誉,个人利益要服从于集体利益,坚信团队合作

的重要性和必要性；吃苦耐劳、勤俭节约，在生活学习工作中做到艰苦朴素，享乐在后；遵守法律，热爱国家，懂礼貌，讲诚信，为人团结和睦；积极进取，思想要具有正能量，用乐观豁达的心态面对生活；对于事业和学习要充满干劲，秉持着严肃认真的态度；能听进各方的意见和建议，汲取批评中的养分，努力完善自己的道德修养。

3. 政治素质目标

对于我国的国史和国情要了然于胸，对于我国传统文化的优秀之处要加以发扬和继承，不忘初心、坚持共产党领导，继承先辈的革命斗争精神，坚决维护祖国统一和团结，将祖国的利益和荣誉放在心中首位。具有献身祖国、报效人民的思想觉悟，坚定拥护党的领导和国家的政策方针，做忠诚的爱国主义者。

4. 法纪素质目标

要致力于弘扬民主法治的社会主义核心价值观，自发学习我国宪法，能够做到正确行使公民权利、维护公民利益、履行公民义务。要从根本上培养高校大学生的法律意识，教导学生做到自我约束、自我管理，能够运用法律武器做出正确的判断和决策。培养学生的勇气和承受挫折的能力，在内遵守校规校纪，在外遵守社会公德和法律法规，自觉主动地帮助维护学校和社会的正常公共秩序，深刻领悟法治社会的建成需要每个人来努力，要让法治变为信仰融入高校大学生的思想道德教育中去，才能让思想转化为实际行动，让法纪素质教育贯穿始终。

5. 心理素质目标

心理素质是一个人心理过程和心理特征的体现，是衡量每个人在情感、意志、性格、行为等方面的综合标准体系。要培养高校大学生形成坚强、自爱的性格，增强他们的抗打击和受压能力，使其具有较好的自我调节能力，这将有利于高校大学生未来的工作、事业、婚姻、家庭等，保证他们在遇到挫折时可以不丧失勇气和信心，不断努力去改善困境，拥有良好的心态，从而拥有良好的人生。

（二）高校思想政治教育目标的合理性分析

1. 符合社会发展需要和人才成长需求

在知识经济时代，科技是第一生产力，它要求人们不断反省自身，超越现实，进行知识创新、技术创新和生产创新。时代呼唤创新型人才的大量涌现。在这样的社会转折期，新旧道德、价值观念激烈碰撞，必须慧眼识真，在碰撞中把握时代的主旋律。现代化的大生产，知识的普遍应用，以及网络时代的到来，意味着当今时代越来越多的纽带把人们紧密联系在一起，极端个人主义、自私自利必将碰得头破血流，而合作精神、协调理念、集体主义、为人民服务成为时代的主旋律。在激烈的市场竞争、知识竞争、人才竞争中，时间、效率、竞争、开放、信息、法治观念和开拓进取精神以及乐观向上、务实求真的生活态度，勇于竞争、不怕挫折的顽强意志，自信、坚韧、果断、机敏、谨慎、热情等个性心理品质，都是不可或缺的。创新、合作、协调、反省、超越、进取、务实的品质是现代社会的需求。

中华民族正处在伟大复兴的伟大时代，这是一个需要人才的时代，也是人才辈出的时代。大学生大多渴望成才，实现报国立业。然而他们的成才需求绝不是传统性的，而是现代性的；不是整齐划一的，而是变化多样、富有个性化发展色彩的。无论是外在适应，还是内在提高。健康完善型人格的培养都是符合人才成长需求的理性选择。而人才的个性化发展，必须以"宽基础"为前提。健康完善型人格的培养，正是着眼于提高大学生整体的政治、思想、道德、心理各方面基础素质，满足大学生的成才需求。

2. 符合教育规律和学生成才规律

教育存在两条基本规律：一是教育既适应又促进社会发展的规律。社会决定着教育的性质和发展方向，并为教育的发展提供保证条件；教育通过提高人的素质培养人才，又反过来不断推动、促进社会的文明与进步。二是教育适应并促进人的发展的规律。我国社会主义教育的目的在于培养德智体美劳全面发展的人，坚持全面发展的教育也就是促进人的身心的和谐发展。

学生成才规律也可以概括为两条：一是要立足于自身身心特点和个性发展等现实条件，做好自我价值的选择；二是自我价值必须与社会价值相统一，才能得到最大的实现。

思想政治教育目标的确立正是按照学生成才规律的要求，着重分析大学生的自我需要与社会环境需要及其制约性。而思想政治教育目标的价值性，正合乎教育基本规律的要求，一方面直接促进大学生健康而全面发展；另一方面使大学生在适应社会、适应时代、服务社会的同时，也推动了社会的发展和时代的进步。

3. 符合高校思想政治教育的总体要求

《中国普通高等学校德育大纲（试行）》规定："高等学校的根本任务是培养德智体等方面全面发展的社会主义事业的建设者和接班人。"分析这一目标，可以看出对大学生在政治、法律、思想、道德、心理、行为等各方面的要求。因而，健康完善型人格培养目标的确立，正是根据这一目标，在分析当今社会发展需要的基础上得出的客观结论。

第三章

高校思想政治教育的内容体系构建

　　思想政治教育的内容研究,是思想政治教育的重要因素之一,在整个思想政治教育体系中占核心地位。正确地选择和确定思想政治教育的内容,是保证正确政治方向的一个关键环节。要提高内容的科学性和发挥作用的稳定性,保证教育内容的方向性,防止思想政治教育内容的泛化和动荡化,特别防止思想政治教育内容的"去意识形态化"。对于思想政治教育内容的有关问题,要有清楚的认识。

第一节　高校思想政治教育的基本内容

一、大学生社会责任感教育

社会责任感是社会成员应具备的一种基本思想意识，它指的是社会群体或者个人在一定社会历史条件下所形成的为了建设美好社会而承担相应责任、履行相应义务的自律意识和人格素养。社会责任感是个体主动为社会、国家作出贡献的驱动力量。具有强烈社会责任感通常具备以下三种特质：一是遵守社会法律法规和道德规范；二是爱岗敬业，热爱自己的本职工作，有为社会服务的奉献精神和关心帮助别人的仁爱精神；三是关注社会发展，关心国家大事，坚守公平和正义。

我们应认识到，社会责任感的内容会随着社会历史条件的变化而发生改变。但无论处于怎样的社会环境中，社会责任感在社会发展中的价值方向是不会改变的，它一直引领着社会的发展和进步。社会责任感从主体角度进行划分包括个人社会责任感和社会群体的社会责任感，个人社会责任感是以自身为主体的责任感，社会群体的社会责任感是以集体、国家、民族乃至全世界为主体的责任感。个人责任感和社会责任感是相互依存、相辅相成的关系。个人必须具备强烈的社会责任感，否则就不利于社会的和谐与进步。

知识经济时代的国际竞争其实就是人才的竞争，教育是社会发展的基础，一个国家的教育水平决定着这个国家未来的发展方向，而大学生是国家人才的储备力量，其综合素质的高低影响着国家的发展实力。提高大学生的综合素质，是各高校不可推卸的责任，而大学生社会责任感的培养就是高校思想政治教育中的必要部分。社会责任感在大学生的各种素质中处于基础性地位，其重要性是不可撼动的。

大学生社会责任感有狭义和广义之分。狭义上的大学生社会责任感是大学生对其所承担的人类社会发展中的责任是否符合内心需要而产生的自觉意识和情感体验。广义上的大学生社会责任感也包含自我责任感，个体组成了社会，个体首先要对自己负责，才能为他人为集体负责。值得注意的是，广义上的社会责任感并不包含以自私自利、损人利己为主要内容的自我责任感。

二、大学生人文素养教育

从根本上看,人与动物的区别就是:人有意识、有理性,懂得遵守社会和为人的基本规则;人类有在自身历史进程中沉淀的各种文化;人类有求真、向善、爱美的品格。大学生人文素养教育从教育与人的发展、教育与社会的发展两条基本规律出发,能够促进个体成长与社会进步,因而与国民素质的提升有着密切联系。

（一）人文素养教育的基本内涵

人文素养教育是高校思想政治教育的内在组成部分,它旨在培养大学生的人文素质和气质修养。人文素养教育的核心追求是人文精神,它将人类在长期发展过程中形成的优秀文化传承给下一代,帮助大学生在优秀文化成果的滋养下,提升自己的人格魅力和气质修养,形成稳定的内在品质。从高校教育的角度来说,大学生人文素养教育就是高校通过改进教育内容、优化教育环境,提升大学生的内在修养。

具体而言,人文素养主要有四个层面的内容:一是人文学科的教育,主要包括文学、历史、哲学、社会学等学科的内容;二是文化教育,包括传统文化教育、民族文化教育、民族精神教育,目的是让学生树立正确的人生观与世界观;三是人类意识教育,主要包括基本社会价值伦理认识、社会共同规范认识等;四是精神修养的教育,主要包括精神境界教育、个人理想教育、信仰教育等。

（二）开展大学生人文素养教育的必要性

1. 时代进步的需要

当代大学生处于新的时代环境中,特别是随着经济实力的增强和互联网的广泛应用,整个世界时刻都在发生巨大的变化,知识经济的迅速发展更是将世界文明的发展连接到了一起,21世纪的学生不仅要适应不断变化的发展环境,还要面对来自各方面的竞争。大学生是一个面向未来的群体,他们有朝气、有活力、有智慧,他们是社会主义建设的接班人,我们有理由对他们充满期待,也有理由提高对他们的要求。现代社会的快速发展对大学生适应社会的能力和文化道德素质提出了较高的要求,缺乏适应社会的能力会逐渐被时代所抛弃,而文化道德素质的缺乏使人们迷失在快速的社会发展之中。教育承担着培养人才的基本任务,21世纪高等教育的目的已经不再是对学生进行单纯的学术、专业教育,而是要培养一个既掌握专业知识,又具有较高个人素质和文化修养的建设者。面对世界环境的新变化,高等教育在提高大学生专业素养的同时,也要转变原有的教育理念,通过开展人文素养教育,提升当代大学生的气质修养,做到专业知识培养与人文素养教育相结合。

2. 社会和经济发展的需要

在社会经济飞速发展的时代背景下,有些人产生了这样的想法:社会的发展有资金、有技术就够了,其他的因素可有可无,无须关注。实际上,资金和技术的创造者都是人,如果我们忽略了人这一最根本的发展要素,那么社会主义建设的品质必然会受到影响,甚至会走很多弯路。经济的发展是国家富强和人民生活水平提高的基本途径,从长远上来看,人才这一推动经济发展的因素很可能成为经济发展的最大制约性因素。从经济发展的角度来看,无论是经济体制的改革还是经济增长方式的变化,要想取得根本的改变就必须加快人们观念的转变,加强培养人民的人文素养,特别是提升当代大学生的内在修养,促进当代大学生的全面发展。①

毋庸置疑,高级人才的培养需要花费很多的时间和精力,特别是面对这样一个空前繁荣、空前发展的时代,人才的价值就体现得更为明显。当代大学生是社会主义现代化事业的建设者和接班人,其思想道德水平和科学文化素养与我国社会主义建设的方向和中华民族伟大复兴中国梦的实现息息相关。

3. 学科发展的需要

进入21世纪,科学技术迅猛发展,人类在认识世界、改造世界的路上迈进了一大步,这主要表现在两方面:一是知识的进步和技术的发展使社会分工越来越细,人们的工作越来越专业;二是新的知识和技术不断产生,各种知识的运用在保持专业性的同时,交叉渗透的趋势日益鲜明。学科的发展经历了一个从低水平的知识综合状态向高水平专业化转变的

---

① 孙迪.高校思想政治教育的新视野和新路径[M].北京:经济管理出版社,2018.

过程,同时这中间也夹杂着高水平综合化的知识渗透。

4. 塑造青年群体崇高人格的需要

人格就是人们的信仰和情操,它是个人综合素质以及价值取向和道德取向的总和。人格的核心是人的内在素质,也就是我们平时所说的精神品质和个人修养。不可否认,一个国家的发展、一个民族的进步,任何外部力量所能起到的作用都是辅助,而内在的素质与品质才是产生不竭动力的根本保证。专业知识的授予能够帮助青年学生找到自己生存与实现机制的手段,而人文知识的获取和内化能有效提升当代大学生的涵养,为其发展奠定素质基础。

5. 培养新型优秀人才的需要

高等教育就是立足于社会发展需求,培养具有创新能力和实践能力的高层次专业化人才。在高等教育推进过程中,我们要重视学生创造能力的培养,鼓励他们开拓进取、勇于创新的勇气。创造性思维往往在不同学科知识和思维方式的交叉渗透中产生。在西方发达国家和地区,人们越来越重视对公民文化素养和社会精神的培养,由此我们也可以看出,新型的教育理念已经开始对人们的行为产生影响。国家文化和民族精神是一个国家与民族最大的财富,这些非物质因素的传承是每一个教育者的责任和历史使命。在改革开放和市场经济发展过程中,高等教育必须肩负自身培养优秀人才的使命,关注大学生人文素养教育,保证大学生素质的全面提升。

6. 人才竞争的需要

现代社会竞争异常激烈,世界各国在国际舞台上的竞争主要体现在两方面:一是以经济为基础的军事科技实力的竞争,二是以教育为基础的人才和公民素质的竞争。在科技、经济竞争的大背景下,人才和国民素质越高就越容易在激烈的竞争中获得优势,在国际交往中获得更多的机会和主动权。我国教育必须承担起为社会发展培养合格人才的历史使命,既要将优秀的民族文化与民族精神传承下去,还要深化人们对人文素养的认识,提高人文素养教育的地位。

知识经济是人类社会发展到一定阶段的产物,它是一种高级的经济形态,知识经济的形成标志着人类社会进入了更高的发展层次。从人才的认定上来说,缺乏人文素养的人并不能算是一个全面发展的、合格的人才,专业知识为其带来的只是其个人价值实现的一方面。人的专业能力的发展和业务能力的提升,都只是人的素质的某方面的发展;人文素养的发展不仅是对专业能力发展的补充,也有助于提升个人的内在修养和素质。

(三)大学生人文素养教育的基本路径

1. 促进学科整合,拓展人文教育的知识面

学科整合是指在对大学生进行人文教育的过程中,充分挖掘和借鉴其他领域、其他专业的知识,并将这些不同的知识整合在一起传授给学生的一种教育方法。学科整合是针对高校和高校教师要求较高的教育方法,学校不仅要具备综合教学的能力,教师也必须涉猎广泛,能够满足学科交叉教学的需求。学科整合教育者能够使受教育者迅速扩大自己的知识范围,提高自己对专业知识的理解与认识;另外,学科整合教学还能够帮助大学生建立起综合考虑问题的思维习惯,增强他们利用不同知识解决问题的能力,提高其个人素质和能力。

2. 注重经典阅读,革新经典的呈现方式

经典阅读法是一种传统的提升人文素养的方法,它在人文素养教育中的运用尤为广泛。经典是智慧的结晶,经历了时间的考验,是人类文明的瑰宝,其闪耀着的精神价值永远是人们学习的内容。一部著作要称得上"经典文本",最少需要两方面的条件:第一,具有原创性,在某一个领域或者某一个时期具有典范作用;第二,内容着眼长远,并且在一定的时期或范围内能体现出自身具备的这种优势。

当今时代背景下,各种文化价值观的流行冲击着人们的传统观念,经典对人们的影响力和吸引力大大减弱。同时,由于技术水平不断提高,人们的生活节奏明显加快,快餐式阅读成为人们阅读的主要方式,人们对内容深刻、需要细心体会的经典望而却步。要想改善这种状况,经典也必须与时俱进,利用新技术包装自己,将其中的微言大义以另一种方式呈现在大众面前。

3. 放眼中外,推进中国传统文化与西方先进文化的融合

中西融合内含一种兼容并包的理念,它是指在传承中华民族优秀文化与素质的同时,挖掘西方文化的积极因素,将二者结合起来。中国的人文素养教育要紧跟时代的步伐,吸收各种先进文化的精髓,将其与中国传统文化相融合。一般来说,通过该方式进行人文素养教育的方式主要是让学生欣赏外国经典,教师加以引导让学生将这些思想精髓与中国传统文化相结合。在教育过程中,教育者必须把握西方经典教育的度,不能舍本逐末,放弃传统文化与思想的教育,以免陷入盲目推崇西方文化的极端。

4. 就地取材,突出人文素养教育与学生现实生活的联系

就地取材就是利用现有的资源安排教学,通过引导与讨论提高学生的认识,开阔他们的视野。一般来说,典型文化载体、新闻事件、新闻人物等都可以成为人文素养教育的资源,因而教育者要引导学生围绕这些事件或人物展开讨论,表达个人见解,在互动中深化学生的思想认识。

在传统文化中,包括乡土地理、民风民俗、历史故事、生产经验等在内的地方文化是中华民族的重要组成部分,是中华文化形成和发展的根基。采用就地取材的方法,可以实施一种内容极为广泛、密切联系地方实际的、有鲜明地方特色的人文素养教育。可以根据当地的政治、经济、文化等发展需要,利用地方人文资源来开发反映地方社会发展实际及其人才培养需求的人文教育资源。同时,在大学生人文素养教育中,要注重联系大学生的现实生活,将地方人文资源与大学生的现实生活联系起来,重建大学生的精神生活,真正赋予大学生生活的意义价值,让大学生成为学习活动的主体、个体生活的主体和社会活动的主体。

5. 古今融合,关注不同历史时期人文素养教育素材的挖掘

古今融合是指人文素养教育者以传承和扬弃的态度,从历史典籍和传统文化中充分挖掘和整合不同历史时期人文素养教育素材的方法。

一要知古守根。现实是历史发展的延续,今天的现实最终也将变为明天的历史。实际上,人文素养教育就是从历史中寻找能够为我们今天所用的思想和人文精华,并通过今天的教育将其传承给未来。因此,一定要明确教育内容的根本性,保证人文素养教育内容能经受时间的考验,并

获得传承发展。

二要知今守望。人文素养教育既要关注已有的文明成果,也要关注当下的社会现实,在教学过程中,教育者要充分结合当前大学生人文素养教育的现实,将符合时代发展的思想精髓传导给学生。除了需要尊重客观事实外,教育者还必须尊重受教育者的感受,在教学内容和教学方式的选择上要立足于当代大学生的实际需求和心理基础。

三、大学生创新意识教育

(一)大学生创新意识的内涵

经济全球化潮流风起云涌,科学技术更新周期不断缩短,世界各国的发展高度在很大程度上取决于人才的数量、结构以及质量。人才的质量与创新能力密切关联,培养创新型人才是提高人才质量的内在需要。我国《高等教育法》明确规定:"高等教育的任务是培养具有社会责任感,创新精神和实践能力的高级专门人才,发展科学技术文化,促进社会主义现代化建设。"因此,增强大学生创新意识着力培养和提高大学生的创新能力,保证毕业生具备较强的创新能力,是新时期高等教育的目标之一。创新意识教育是高校思想政治教育的重要部分,要积极探索大学生创新意识教育的方法与途径,充实高校思想政治教育的内容,满足社会发展对高素质人才的需要。

(二)大学生创新意识教育的基本思路

第一,营造创新氛围,增强自主意识。在校园学习和生活中,要建立和谐的师生关系,做到师生平等。教师要确立学生为主的主体地位,让学生克服自卑心理,培养大学生积极进取、知难而进的精神。自主意识是发展创新意识的基础和前提,因此,教师要注重培养大学生的自主学习与创新的意识。

第二,培养观察能力,鼓励大胆想象。观察是通往真知的大门,大学生通过参加社会实践去观察也是有效的途径之一,借此掌握我国科技水平在生产一线的应用情况,了解科技创新对社会主义现代化建设的重要性;利用大学寒暑假的社会实践活动也可以培养大学生的观察能力,进而培养大学生思考问题和解决问题的能力。

第三，夯实基础知识理论体系，培养实践能力。教师需要引导大学生刻苦学习，努力掌握基础理论知识，认真学习文化课和专业课的相关知识体系。目前，许多大学生在科技文化课外活动中，显示出很强的组织创造力。教师应鼓励大学生多参与社会实践、多进行实验创新和发明以及各种科技文化创造活动，不断提高大学生的创新能力。

第四，引导放射思维，重视个性发展。教师应鼓励大学生遇到问题深入思考，引导大学生打破常规、运用求异思维解决问题。

（三）大学生创新意识教育的路径选择

高校要构建大学生创新教育模式，必须以培养大批创新型教师为基础。由于创新型教师自身可以不断更新知识，深化教学研究，努力提高自身和大学生的创新意识和能力，尤其在思想政治理论课教学过程中，创新型教师通常具有高瞻远瞩的前沿思想高度，有助于大学生创新思维的培育。

四、大学生就业观念教育

近年来，大学生就业问题日益凸显，各高校逐渐开始重视大学生就业观念培养，为大学生就业提供良好环境。为进一步推进大学生就业指导工作，应不断创新工作理念，改进工作方法，健全就业观念教育工作机制，为大学生顺利就业给予多方面支持。

（一）大学生就业观念培养中的思想政治教育

改革开放以来，特别是进入 21 世纪以来，随着高校毕业生就业制度的改革，高校毕业生就业指导工作的重要性初露端倪。各高校先后成立了就业指导机构，开展就业指导。回顾改革开放以来大学生就业培养的发展，是在教育主管部门积极推动下进行的，具体体现为政策解说、信息发布和技巧指导三方面，重视就业指导的实用性，而忽略了就业指导中的思想政治教育，在时间的安排上也只停留在毕业前期的择业指导，而没有贯穿大学教育的整个过程。

进入 21 世纪，大学生就业指导工作中的思想政治教育越来越关注学生的需要，思想政治教育的地位越来越突出。思想政治教育对高校学生的职业素养有着不可替代的重要意义，有效的思想政治教育不仅可以平复大学生面对就业压力时的躁动情绪,也可以有针对性地成为培养大学生职业意识与行为举措的利器。同时,随着时代的发展,就业不仅仅看重一个人的学历与能力,更看重的是求职者的职业素养与思想品德,而高校的思想政治教育,正是以培育学生良好的道德素质与职业操守为目标。

(二)大学生就业指导工作理念的创新

对大学生就业指导中思想政治教育进行梳理与透析,要认真总结多年来的经验和教训,结合时代新要求,积极创新工作思路,改进工作方法,丰富工作内容,优化工作环境,健全工作机制,努力开创大学生就业指导中思想政治教育新局面。

1. 树立以学生为本的教育理念

在开展大学生就业指导思想政治教育工作中,教师要时刻以学生为本,坚持学生在教育中的主体地位,从多层次、多角度去激发学生在就业中的主动性与创造性。教师要培养学生学会自我探索、自我发展和自我提高的能力,同时,时刻关注学生在就业中普遍存在的思想观念问题,寻找正确的切入点和出发点,教会学生维护自身的利益,进而发挥就业指导对大学生的服务作用和思想政治工作的教育作用。

2. 树立心灵沟通的教育理念

大学生在步入社会前,面临着较大的就业压力,往往会出现缺乏自信、沮丧、失落等负面情绪,会对教师的教育指导产生抵触心理。因而,教师在对学生进行就业指导思想政治教育时,应随时关注学生的动态心理变化,及时与学生进行心灵沟通,疏导学生各种不良情绪,通过进行不断的情感交流,让学生能够深刻感受到来自教师的鼓励和期望,从而增加面对激烈就业竞争的勇气与信心。

3. 树立全面服务的教育理念

在开展大学生就业指导思想政治教育中,教师要树立全方位服务的理念,为学生提供各种形式的就业知识讲座和报告,提高就业指导课程的针对性和客观性,使思想政治教育渗透于就业指导的全过程,从而提高就业指导工作的效率和质量。

（三）大学生就业观念教育方法的改进

1. 促进大学生创新精神的培养

随着经济时代的到来，市场竞争越来越激烈，劳动者想要紧跟时代前进的步伐，就有必要不断更新自身的知识结构和技能水平。大学生只有具备良好的创新精神，才能逐渐培养强烈的事业心与进取心，才能更好地就业并为用人单位服务。因此，高校的思想政治教育在加强学生就业指导教育的时候，同时要注重培养学生养成创新精神，学生要积极学习和接受新的理念、新的知识，不断开阔自己的眼界，为自己寻求更多的就业机会。学生只有具备了创新精神才能发挥自身的创新思维，提高自身的创新技能，在参加工作时才能具备竞争优势。

2. 加强大学生职业道德教育

现如今，社会上有实力的人才很多，但既有品德又有实力的人才却是用人单位急需的。大学生刚离开校园，没有工作经验，故用人单位在选聘时多看重学生的个人素质，也就是基本的职业道德、事业心、社会责任感以及吃苦耐劳、乐于奉献等各种个人品德。因此，对学生开展就业指导时，应该着重增加学生的集体主义思想和诚信教育，采取课堂讲解、课下实践、课余实习等多种手段，增强学生的职业道德素养，以满足当代社会用人单位对综合素质人才的需求。

3. 实现单一化向多样化的转变

思想政治教育不是一项独立的工作，它需要与教育学、伦理学、法学等其他学科相结合。这不仅体现了思想政治教育顺应现代科学总体发展趋势的要求，而且又是其面向世界、面向未来、促进自身不断发展的需要。所以，高校就业指导中思想政治教育应不断更新教育理念，改进工作方式，采取心理辅导、养成教育和危机干预等手段，让思想政治工作进宿舍、进社团、进网络，增强就业指导中思想政治教育的实效性和针对性。

（四）大学生就业指导模式的转变

一般说来思想政治教育是教育者和被教育者之间一种思想品质相互交流、碰撞、融合的过程，也是一种有目的、有针对性的思想教育信息传递。思想政治教育不是一项独立的工作，它需要一些辅助的学科门类，比如教育学、法学、伦理学等，尤其是对大学生就业工作的指导，需要适时更新教育理念，改进工作方式，增强大学生思想政治教育以及就业指导的针对性，高效地解决大学生的就业困难；同时，随着高等教育体制的不断深化，大学校园不再是改革开放以前那样完全以教书育人为目标的"象牙塔"，大学生的价值观、人生观和世界观都会随着社会的改变而改变，因此，思想政治教育对大学生就业的指导工作也要与时俱进，变以前的与社会脱节的封闭式教育为社会需要的开放性教育，应该是思想政治教育对大学生就业指导工作的必然趋势。

以往很多高校的就业指导和思想政治教育是分开进行的，这种方式需要大量的教师，为学校增加了人力压力，并且容易导致教育脱节的现象。新时期，为了促进高校就业指导工作的稳步健康发展，学校应该打造一支高素质的教育队伍，这个教育队伍里的教师必须具有丰富的思想政治教学经验，同时拥有丰富的就业指导经验，这些教师要不断加强和提高自己各项素质，系统掌握各学科、各专业的就业行情，针对学生的实际情况和就业问题，提出有效的解决办法和有针对性的就业指导。

就业观念是大学生思想观念的重要组成部分，大学生就业观念教育是高校思想政治教育的重要一环，思想政治教育者要提高认识，在大学生就业指导工作推进过程中加强就业观念教育，准确把握大学生就业观念存在的问题，引导当代大学生树立正确的择业观和就业观，不断改进就业指导工作，为大学生顺利就业提供帮助。

五、大学生科学世界观教育

世界观是人们对世界的根本看法和观点体系。在促进大学生成长成才的过程中，进行世界观教育必不可少，只有培养大学生树立科学的世界观，才能确保他们在正确的道路上奋发图强，实现自己的人生价值。马克思主义哲学是迄今为止最科学、先进的世界观、方法论。它分为两个部分，一是辩证唯物主义，一是历史唯物主义。这一科学的世界观就是思想政治教育的首要的内容。[①]

（一）辩证唯物主义

辩证唯物主义的基本观点包括：物质第一性，意识第二性，意识对物质具有反作用；物质世界是普遍联系的，也是永恒发展运动着的；对立统一规律是宇宙的根本规律，事物的发展是质量互变和否定之否定；辩证唯物主义的显著特点是它的实践性。

马克思主义的认识论坚持从物质到感觉和思想的认识路线。认识的发展过程是从感性认识到理性认识，又从理性认识到改造客观世界。一个正确的认识往往经过多次的反复才能完成。在这个过程中，实践是检验真理的标准。马克思主义的认识论，是党的实事求是的思想路线的理论基础。

（二）历史唯物主义

历史唯物主义是马克思的一大发明，是观察一切社会现象的科学武器，它揭示关于人类社会发展的总规律，是辩证唯物主义原理在社会生活和社会历史领域的贯彻和运用。同时，它又是支撑科学理想信念的支柱。

历史唯物主义也是思想政治教育的最基本的理论基础。一个理论工作者的理论功底，主要体现在对历史唯物主义的把握程度。

历史唯物主义的基本观点是：人类社会是物质世界长期发展的结果；物质资料的生产活动是人类社会赖以存在的前提和基础；社会历史有自身发展的规律，是一个自然历史过程；劳动的发展史是解开人类社会发展史的一把钥匙；社会基本矛盾是生产力与生产关系、经济基础与上层建筑的矛盾，这两对矛盾是社会发展的最终根源和动力，在阶级社会里，社会基本矛盾表现为阶级矛盾和阶级斗争；社会存在决定社会意识，社会意识反作用于社会存在；人民群众是历史的创造者。

学习辩证唯物主义和历史唯物主义对于大学生具有重要的意义：帮助大学生学会一切从实际出发，而不是从主观愿望出发；指导大学生建立普遍联系的、发展的、适度的观点，克服孤立的、静止的、极端主义的观点；促使大学生掌握观察一切社会现象的钥匙。

---

① 刘书林.思想政治教育学原理专题研究纲要 [M].北京：人民出版社，2018.

六、大学生政治观教育

大学生不仅是政治文明的参与者,也必将成为政治文明建设的主力军。新时代大学生的政治观和政治教育不仅影响着大学生成才,也直接影响着社会主义政治文明建设的进程。明确新形势下政治观教育的主要内容和要求,对于提高大学生政治观教育的实效性,帮助树立正确的政治观有着积极的作用。

(一)阶级和阶级斗争的观点和阶级分析的方法

马克思主义者决不同那些把阶级斗争从运动中一笔勾销的人一道走。在中国现阶段,阶级斗争在一定的范围内依然存在,有时会很激烈,但不是主要矛盾。在存在着阶级和阶级斗争的社会里,绝对不能淡化或取消阶级斗争的观点和阶级分析的方法。应该把这一基本观点列为政治观教育的内容。

马克思主义的阶级和阶级斗争观点的主要内容有:阶级的存在与生产发展的一定的历史阶段相联系;阶级斗争是人类阶级社会发展的直接动力;阶级斗争必然导致无产阶级专政;阶级就是一些大的集团在生产关系中所处的地位不同,对生产资料的占有关系不同,其中一个集团占有另一个集团的劳动;阶级斗争是阶级利益根本冲突的对抗阶级之间的斗争;在阶级社会中,必须坚持阶级分析的方法。

(二)国家的本质和职能的观点

马克思主义的国家观认为:国家问题是一切阶级斗争的焦点。国家在本质上是一个政治概念和阶级概念,而不是一个地区概念。

马克思主义的国家本质的观点包括:国家的本质是阶级矛盾不可调和的产物,是阶级统治和阶级压迫的工具,是一个阶级镇压另一个阶级的暴力机器。国家是在经济上占统治地位的阶级维护自己的经济利益和特殊地位的工具;无产阶级专政的国家,是新型的民主与新型的专政相结合的新型国家,是工人阶级和绝大多数劳动人民对极少数剥削者的专政。

马克思主义关于国家职能的观点认为:国家职能是国家本质的体现。国家的主要职能有:对内镇压被统治阶级的反抗,对本阶级实行一定范围的民主;运用政权的力量巩固和发展经济基础,干预经济生活;维护统治阶级需要的社会秩序,调节社会矛盾,防止社会崩溃;对外组织国防,防止外来侵略,调节国家关系,保护本国利益。

(三)政党的性质和作用的观点

马克思主义认为,政党是社会经济和阶级斗争发展到一定历史阶段的产物。它是社会发展到资本主义大工业生产阶段形成的政治组织,是各阶级政治斗争的产物。政党的本质属性,就是它的阶级性。任何一个政党,都是代表一定的阶级、阶层或社会集团根本利益的组织。所谓“全民党”的说法,不是资产阶级的欺骗,就是无产阶级队伍中蜕化和背叛的反映。

政党的特点是:有政治纲领;有政治目标;有稳定的领袖集团主持;有组织纪律。

政党的作用,是由它所代表的阶级、阶层或社会集团的性质以及它在物质生产中的地位决定的。政党总是在一定历史条件下,在政治领域内对生产力的发展和生产关系的变革发生作用。不同时代、不同性质的政党,在历史发展进程中的作用是不同的。

资产阶级的多党制,是在代表同一个资产阶级利益的前提下,由多个政党分别代表资产阶级内部不同阶层或集团的利益而形成的。

中国共产党是无产阶级的先锋队组织,是以先进的理论武装、以先进的民主集中制组织起来的先进政党,代表最广大人民群众的根本利益,是中国特色社会主义事业的领导核心。

七、大学生人生价值观教育

人生观是根据一定的世界观去观察和对待人生的目的、人生价值和人生道路的根本看法和态度。目前,我国大学生人生价值的主流是好的,绝大多数人具有科学的人生价值观。对此,有针对性地采取教育对策,对于将大学生培养成有素质的社会主义现代化建设者和接班人,具有重要的现实意义。

我国提倡的是马克思主义科学人生观和为人民服务的人生观。

其中,为人民服务的人生观包括以下方面。

人生理想教育。社会理想是对未来社会的向往。在共产主义的最高理想指引下,现阶段我国人民的共同理想就是建设中国特色社会主义,代表了现阶段全国各族人民的根本利益和愿望。

人生价值教育。人生价值包括两个方面:一方面是个人对社会的责任和贡献；另一方面是社会对个人的尊重和满足。在社会主义国家，判定人生价值的标准是对社会的劳动和贡献。这是人生价值的核心问题。

人生态度的教育。人生态度是个人在一定的环境中体验出来的关于人生的稳定的心理倾向。大学生应学习以积极进取的态度对待苦乐、荣辱、生存与发展。

人生道路的教育。人生道路是实现人生目的的途径。人生道路应该与社会实践、工农群众需求、国家的发展、个人的目的结合起来。

集体主义的人生价值观教育。即以集体的利益为重，尊重个人的正当利益，追求个人与集体的不断完善。做到自我价值与社会价值的统一，艰苦创业与正当享受的统一，义（公共利益）与利（个人利益）的统一。

在高校思想政治教育过程中，应坚持正确的价值观导向，积极引导大学生正确认识新形势下的价值观念冲突，引导大学生积极参加社会实践，增加大学生对社会的了解，学会社会规范和道德准则，提高对社会的适应能力，促成大学生科学的人生价值观的形成。

八、大学生道德观教育

新时代大学生是否具有正确的道德观与良好的思想道德素质，不仅决定着他们个人能否顺利成才与成长，更影响着我国社会整体精神面貌。

根据涉及的不同领域，道德结构可分为：社会公德、职业道德、家庭美德（属于个人私德范畴）。这三个领域对应着社会生活的三个范围（公共场所、职业岗位、家庭和个人私生活）。

培养大学生思想道德意识。在如今网络时代，高校应积极把握在网络上开展道德观教育的主动权，还可利用宣传栏、广播站等媒介，实施积极向上的道德教育活动，引导学生建立正确的思想道德意识。

注重道德观教育与社会实践相结合。高校开展大学生道德观教育应与大学生的日常学习、生活相结合，引导学生从身边的细微之事做起，教育大学生应在日常学习与生活中，树立强烈的道德认识观念。同时，高校应引导大学生多走出校园，积极参与社会实践，深入生活，引导大学生从社会实践活动中获得知识、转化思想、提高认识。

高校教师应发挥表率作用。高校开展道德观教育对高校教育工作者的自身素质提出了更高的要求，教师应具备渊博的知识和高尚的道德品质，以起到为人师表的带头作用。

九、大学生法治观教育

加强社会主义法治观教育是推进中国法治建设进程的必然要求,培养具有法治意识的高素质人才是高校思想政治教育的主要职责之一。法治观教育就是遵守社会主义法律和制度的教育。法治观教育包括以下几个方面。

社会主义民主教育。社会主义民主教育的内容包括:民主的实质以及社会主义民主与资产阶级民主的区别;党的领导是社会主义民主建设的保证,党领导人民争得了民主,建设社会主义民主是党的战略目标;民主集中制,民主与集中的关系;个人民主权利与遵守法纪的一致性;社会主义民主建设是一个长期渐进的过程。

法治教育。教育大学生知法、懂法;教育大学生懂得法律的严肃性,守法,在法律面前人人平等;维护安定团结的局面。要特别重视宪法为主要内容的教育,掌握宪法的基本原则,把宪法作为一切行为的根本准则。

纪律教育。纪律是执行党的路线、方针、政策的保证,遵守纪律是培养"四有新人"的重要内容之一。在纪律教育中正确把握纪律与自由的辩证关系。遵守纪律和秩序,才能促进社会风气的好转。

第二节　高校思想政治教育内容存在的问题和对策

一、高校思想政治教育内容存在的主要问题

思想政治教育的内容,是思想政治教育的重要组成部分,是思想政治教育者向教育对象实施教育的具体要素。它必须体现思想政治教育的根本任务和目的要求,根据思想政治教育目标和对象的思想实际而确定具体内容。一方面,它必须符合根本任务和目的的要求。另一方面,它必须与时俱进,根据不同时空、不同条件下对象的思想实际情况确定具体内容。所谓思想政治教育内容的内涵,即为了实现其根本任务和目标,在思想政治教育活动中教育者通过一定的方式和手段对受教育者传递的思想政治观念、社会道德规范等知识系统。

面对科学技术的迅猛发展,思想政治教育的内容很难适应这方面的要求,特别是缺乏针对网络的道德教育,无法适应网络迅速普及的新形

势。大学生思想政治教育内容的说服力和感染力不强也是我国大学生思想政治教育内容存在的一大问题。

二、高校思想政治教育对策分析

高校围绕培养高素质人才的教育方针,使思想政治教育落实到高校各部门的具体工作职责范围内。高校思想政治教育涉及宣传思想教育管理、思想政治教育教学管理、思想政治活动管理、日常行为养成教育管理、安全稳定教育管理等多方面内容。在高校各方协同参与的前提下,对思想政治教育的内容进行统筹规划和科学管理,在保证我国高等教育社会主义方向的前提下,通过思想政治教育内容管理,实现学生思想政治教育的协同育人功能。

(一)宣传思想教育管理

高校宣传思想教育工作的管理责任主要由学校党委宣传部承担。作为高校宣传思想工作的核心部门,党委宣传部的工作职责主要包括指导全体师生学习思想政治理论知识、建设校园精神文明、弘扬校园文化、管理活动等。

党委宣传部通过履行上述职责,在培养学校高素质人才的思想政治素质方面发挥着重要作用。党委宣传部通过学校会议、党员组织和日常生活、教师培训、讲座等形式,广泛开展全体教职工的政治理论教育,对学校广大教职工进行思想政治教育。通过调查研究工作,我们将对教师的思想状况进行调查研究,了解教师的思想政治状况,并发挥积极的指导作用。

同时,党委宣传部还通过各种活动对学生进行思想政治教育,用马克思主义理论武装学生思想。通过各种形式的活动,对学生进行各种形式的思想政治教育、法制教育、价值观教育和心理健康教育。通过这些活动,有效地提高了学生思想政治素质,从而成为思想政治理论课程的有益补充。同时,学校精神文明建设也由党委宣传部牵头。通过学校层面的各种活动,加强学校精神文明建设,如开展各种主题教育为学生的成长成才创造良好的环境和氛围。此外,在校园文化宣传过程中,党委宣传部运用传统媒体和现代新媒体,通过校园公众号、微博、QQ群等方式开展校园文化宣传管理,宣传学校先进文化,宣传学校师生典型事迹,激励学生进步。这是党委宣传部宣传思想教育工作的重要组成部分。党委宣传部的工作职责和任务主要体现在以下三个方面。

1.贯彻党的教育方针,坚持社会主义大学的办学方向

贯彻党的教育方针的前提是始终坚持社会主义大学的方向,这是党委宣传部的首要任务。坚持社会主义大学方向是我国高校思想教育管理的总方针。党委宣传部履行职责的首要前提是认识和坚持这一教育方向。从本质上讲,它也是对中国大学的性质、目标和途径的集中总结。坚决贯彻党的教育方针,坚持社会主义大学建设方向,这实际上反映了中国大学"为谁服务""培养什么样的人""怎样培养"三个问题,也在一定程度上反映了培养德智双全的高素质人才的目标,以及实现这一目标的方法。

全面贯彻党的教育方针,坚持高等教育社会主义发展方向,是高校党委宣传部的重要职能。在正确认识这一前提的基础上,有必要正确把握高校思想工作的必要性和特殊性。在思想政治教育的宣传和管理过程中,我们高举中国特色社会主义伟大旗帜,密切关注校内外和国内外的思想动态,为高校思想工作提供参考和借鉴。调查和了解高校内部师生的思想动态,并在收集相关资料的基础上,为高校思想政治教育的发展发挥基础性作用。通过党委宣传部的工作,帮助学校师生树立正确的人生价值观。

2.坚持实事求是的原则,发挥高校舆论引领作用

实事求是是党委宣传部履行职责的前提。在此前提下,党委宣传部在促进和建设校园文化、引领高校舆论、提高人才思想道德文化素质等方面发挥着不可替代的重要作用。在传播校园文化的过程中,运用旧媒体和现代新媒体,弘扬校园文化,建设精神文明。校园文化反映了一所大学的精神风貌,也反映了现代大学的特色和精神气质。学校严谨的学术氛围和严格的纪律规定直接影响着高校人才培养的质量。因此,校园文化建设显得尤为重要。校风、校纪、校容对规范每一位师生的精神文明,反映大学的真实风貌具有重要作用。校园文化贯穿于大学的教育理念和各项规章制度之中,体现在教学和管理的方方面面。

此外,学校党委宣传部在高校精神文明建设中也发挥着主导作用。党委宣传部通过开展各类精神文明教育宣传活动,表彰高校精神文明建设成果,推动高校精神文明创建成果转化为广大教职工工作学习的动力。党委宣传部及时洞察高校民意,在高校内部舆论中发挥了主导作用。在

正确的舆论引导下,才能正确引导校园师生的行为规范。这将对提高学生的专业素养和思想道德素质产生积极影响。

3.发挥师生凝聚力,努力构建和谐校园

和谐的校园是师生工作和学习的前提。只有和谐的校园环境才能促进学校教学效率和师生文化素养的提高。因此,和谐校园是高校办学的重要前提。和谐校园氛围的形成离不开校园师生的共建,也离不开学校相关职能部门的共同努力。其中,党委宣传部的另一项重要职责是努力建设和谐校园,为师生创造良好的学习和生活环境,切实提高思想政治教育的实效性,同时发挥高校师生的凝聚力。构建和谐校园也是宣传思想教育管理的核心内容。同时,构建和谐校园也是构建社会主义和谐社会的应有之义。

在发挥高校师生凝聚力,努力建设和谐校园的过程中,党委宣传部主要通过与学校团委、工会、学生会等其他职能部门的协作来完成。通过一系列有益于和谐校园建设的主题文体活动,丰富了师生的休闲文化生活。同时,宣传学校的正面形象也可以为学校赢得良好的声誉和社会声誉。通过"创先争优"活动,评选和谐校园建设中涌现出的先进典型,并予以表彰和推广,在学校内部营造创先争先的良好氛围。这对塑造学生的世界观、人生观和价值观非常有帮助。此外,党委宣传部还高度重视校园俱乐部文化和宿舍文化的管理,以指导和推动高校和谐园区建设,发挥党委宣传部在推进思想教育管理中的作用。

(二)丰富思想政治教育内容

新媒体时代,高校思想政治教育遇到了前所未有的挑战和机遇。我们应该充分认识到大学生思想政治教育所面临的新境遇,认真分析社会环境变化对大学生思想政治教育产生的深刻影响,思想政治教育在新境遇下的新变化及其呈现出的新特点等,从而寻求并创新适应新媒体时代的大学生思想政治教育新方法、新对策,促进大学生思想政治教育的不断进步与发展。

大学生思想政治教育需要与时俱进,需要为原来的思想政治教育注入新鲜血液,促进大学生思想政治教育的发展,使其顺应新媒体时代发展的潮流。当代大学生的思想行为日趋宽泛和分散,思想文化需求日益多样,价值取向日趋多元。这些现象,也造成了原有的教育内容不能充分满

足当代大学生适应社会的需求。加之原有的教育内容在当今社会看来过于单一与陈旧,的确需要吸收新鲜成分。因此,丰富大学生思想政治教育内容是正确的选择。应从以下方面考虑丰富其教育内容。

1. 发挥内容实效性

理论联系实际,是马克思主义的基本原则,是实事求是思想路线的要求,是马克思主义学风的体现。高校思想政治教育除了与时俱进,锐意创新,不断开辟工作新途径外,还必须求真务实,讲求实效,积极探索工作长效机制,而在当前新媒体时代背景下,大学生渴求自由个性,思想状况层次不一,因此必须从学生具体实际出发,制定并围绕不同的教育目标来设计创新教育内容,积极开展贴近学生的教育引导活动,如征文比赛、主题演讲比赛、书画比赛、文艺演出等主题活动,这些内容多样,丰富多彩的活动充分体现了思想政治教育内容的实效性。

2. 创设内容层次性

在新媒体的时代背景下,思想政治教育不能仅停留在澄清价值与教授知识的表层,而要走向价值抉择与理念明确的里层,这便要求思想政治教育的内容不能只做门面功夫,而是要做到层次分明、内涵丰富。受此启发,创新思想政治教育内容可以充分发挥新媒体优势,利用逐步渗透、层层递进的方式,构建传统思想政治教育内容与创新型思想政治教育内容相结合的体系,其中既有中国特色社会主义理论体系的思想教育,党的基本理论、基本路线、基本纲领、基本经验教育,中国革命建设及改革开放的教育,民族及时代精神教育,社会公德、家庭美德、职场道德教育,也有健康教育、人文精神及科学素质教育、心理健康教育等。将思想政治教育与大学生特色及新媒体时代需求结合起来,才能更好地发挥教育的更大功能。总而言之,创新思想政治教育内容必须以受教育者的背景、喜好及需求为基础,创设层次多样的教育内容,提升思想政治教育内容的针对性。

3. 重视内容服务性

就本质而言,思想政治教育其实更像是一种提升大学生思想素质的服务,思想政治教育内容需要一定的说教成分,但更应包含心理层面的辅助,全力解决大学生在学习、事业、爱情等方面遇到的困难问题,立足尊重、信任与关怀,帮助大学生树立正确的价值观念,使其成为明辨是非的主体,使其顺乎社会主流发展趋势的要求。注重教育内容的服务性,是创新思想政治教育内容的一个较为重要的方面,是创新思想政治教育内容的可靠路径,是构建思想政治和谐教育的正确途径,思想政治教育内容的服务性应注重发挥大学生的积极个人因素,摒除消极个人因素,以以人为本的教育理念为指导,为大学生创设倾诉与表达的平台,积极鼓励其投身社会主义主流文化的建设。

(三)丰富思想政治教育载体

思想政治教育载体,是指在思想政治教育的过程中,能够承载和传递与思想政治教育有关的内容或信息,并为思想政治教育主体所运用,促使思想政治教育主客体之间互动的活动形式和物质实体,它包括传统载体和现代载体两种。传统载体指的是思想政治教育过程中早已产生且至今仍持续发挥作用的载体,主要包括研讨会、座谈会、面谈等形式,现代载体则指的是随着现代社会发展而产生的带有全新时代特征的载体方式,从当前来看,新媒体便是现代载体的重要部分。此外,若是从活动主体、方式的差异角度来分类,也可将载体形式分为物质载体(如校园风格)、制度载体(如学校管理规章制度)、精神载体(如校园文化活动)、传媒载体(如广播、报纸、电视、书籍等传统传媒和新媒体)等,伴随新媒体时代的降临,思想政治教育的主客体呈现多重发展趋势,丰富载体成为进行思想政治教育工作的重要手段。

1.加强载体数字化建设

当今时代,数字化技术日新月异、蓬勃发展,对思想政治教育的革新也起到了强有力的推动作用,深入建设数字化教材体系,努力开发与大学生身心发展特点相匹配、与思想政治教育目标与任务相吻合的优秀新媒体教学软件,不仅是与时俱进的创举,更是发展思想政治教育载体的有效途径之一。[①] 在加强数字化载体建设的实践方面,我们可以看到许多生动而又富有实效的事例,例如,清明网上公祭活动,网上党建论坛,网络党校,虚拟班级,等等。这些数字化载体的具体体现,从一个侧面反映出了

---

① 李杨,孙颖,李冠楠.新媒体时代的大学生思想政治教育教学研究[M].长春:吉林大学出版社,2016.

新媒体时代浓浓的时代气息。

2. 加强载体复合化建设

作为一个结合了传统媒体与现代媒体的独特的生态系统,校园载体具有整体性、开放性及动态性等特点,归结成一点便是具有极强的复合性,因此,校园载体复合化建设是否深入直接影响到其载体最大功能的发挥。加强载体复合化建设,首先必须巩固加强传统媒体教育,发挥校园广播、校园宣传栏、校报、校刊等宣传阵地在校园文化建设中的传统优势。其次,应当在融合校园各类媒体的基础上,创造新的媒体环境,重新整合各类媒体,打造新的媒介形式,如可运用体育场媒体、教学楼媒体、生活区媒体、校园走道媒体等形式展开思想政治教育活动。对各类校园媒体的有效运用,有利于构建意识形态及思想政治教育阵地,通过持续传递正确的思想观念及指导价值,继而营造融洽的育人氛围,促进当代大学生思想政治教育实效性效果的实现。

3. 加快新旧载体互动化建设

首先需要明确一点的是,新媒体的所谓"新"是相对的,它同样是在不断发展的,例如,与报刊相较,广播是新媒体,而与电视、网络相较,广播则又退位为旧媒体了。实际上,新媒体与旧媒体长期共存,并无完全取代之说,新旧媒体只有广泛开展合作,加快互动化建设,才能适应不同文化程度、不同经济条件、不同个人偏好的大学生的个性化的需求。这方面要做的工作首先是将新媒体技术与传统教育方式进行有机结合,充分发挥载体的合力作用,令传统思想政治教育得以朝着创新道路前行,从而丰富思想政治教育途径与方法。因此,在新媒体时代背景下,只有将新媒体与旧媒体进行有效融合,才能形成良性互动、优势互补的新格局,推动大学生思想政治教育工作效率的最优化。

(四)提升思想政治教育水平

思想政治教育水平的高低与教育者本身及教育工作如何开展等因素有关。教育者始终是教育的主力军。教育者综合能力的高低从很大程度上能够决定教育质量的好与坏。因此,为了确保、提升当代大学生思想政治教育的质量,必须拥有一批素质高、综合能力强、创新意识突出的教育工作者。另外,为了保证教育的实效性,如何正确、合理而又有效地开展当代大学生的思想政治教育工作,也是一个关键因素。

1.切实提升大众传媒从业人员综合素质

当下,社会节奏日益加速,大学生的日常生活也与大众传播紧密相连,但大众传播在为大学生生活带来诸多积极影响的同时,也不可避免地带来了一些负面效应。要解决这些问题,只有切实提升大众传媒从业人员的综合素质,才能开辟出一条正确畅通的思想政治教育信息传播道路。

一则要进一步提高大众传媒从业人员的政治素质。提升大众传媒从业人员综合素质首先要加强其政治素质。由于受众复杂多样,大众传播的道路也必然是多样化,但不管怎样蜿蜒曲折,其大方向必须是始终沿着中国特色社会主义发展路径前行。因此,作为大众传播活动的引领者,大众传播从业人员必须注重培养自身政治素养,一方面,要主动提高自身理论政策水平,深化思想政治意识,树立正确的传播观;另一方面,要积极提升道德素质和文化素质,加强自身责任感和自律性,使自己成为道德高尚的传播者,从而把积极向上的信息传播给广大大学生。

二则要完善大众传媒从业人员的自律机制。自律是社会道德责任感的重要体现,传播者只有遵从职业操守、恪守道德规范、实事求是地传播信息,才能在受众中产生积极影响。媒体只有发挥好监督职能,曝光不良风气,宣扬社会正能量,才能形成良好的社会舆论氛围。只有依托优良的社会舆论环境,思想政治教育工作才能达到预期的良好效果。

2.培养专业的思想政治教育者

发挥好大众传播载体的思想政治教育功能,除了需要切实提升大众传媒从业人员的综合素质之外,对广大思想政治教育者进行培养也很必要。首先要更新观念。观念促成行动,要培养专业的思想政治教育者队伍,必须以现代化的思想政治教育观念为先导,着力转变固有的旧观念。其次要学习传播学技巧,它是通过对传播规律、原理进行灵活运用而表现出来的一种既特殊又具体的传播方法。作为新媒体时代的思想政治教育者,在充分利用大众传播载体的同时,还应积极主动地将传播技巧整合到具体的思想政治教育活动中来,切实加强思想政治教育活动的传播效果。专业的思想政治教育者队伍的发展壮大,需要思想政治教育者深入学习贯彻传播学知识,理解传播学技巧,利用扎实的理论知识,结合学生实际特点展开具有强烈感染力的生动活泼的思想政治工作,只有这样才能达到预期目的。

3. 发挥多种媒体良性互动的综合效应

大众传播的不同传媒各自具有不同的优势和特点,如何有效利用不同传媒特点,从而形成多种媒体优势互补、良性互动的综合格局,是我们在创新大众传播载体时应大力思考的问题。

首先,要了解和熟悉各类传媒的特点,有针对性地开展思想政治教育工作。不同的大众传媒具有自身与众不同的特点,不同的接受者对大众传媒的接受程度也不尽相同。例如,对于报刊、书籍而言,大学生文化程度较高,对其巨大的信息量及丰富的内容能较好地理解,因此它的理论色彩可以浓厚一些,而电视、网络等更新速度快,应尽量避免使用晦涩难懂的表达方式,而应多采用明快简洁的语言来进行信息传递。其次,则要多种媒体优势互补、良性互动,全方位多角度地展开思想政治教育工作,加强各类媒体的导向作用,在传播中潜移默化地渗透道德素质与精神价值,思想政治教育者还协调好各种传媒方式之间相互补充的关系,发挥互补性,提高影响力。最后,要认可教育客体的主体性,加强互动性。在大众传播活动中,尊重认可教育客体的主体性,是增强其主体意识的必然要求,也是运用好大众传播载体的有力需要,而"互动"则可以充分体现受众的利益,令受众自愿参与到大众传播活动中来,因此,调动大学生的主体意识,令其参与传播互动,不仅能使大学生的精神文化需求得以满足,而且也能使其利益得到体现。

(五)拓宽思想政治教育途径

由于大学生思想政治教育走入了新媒体时代,因此大学生们也开始表现出许多全新的特点。在新的时代背景下,原有的思想政治教育途径显得非常狭窄,既与当代大学生所需的思想政治教育不适应,又不利于思想政治教育在新媒体时代下的持续发展。因此,如何有效地利用新媒体,加强思想政治教育的实效性和针对性,对旧有的思想政治教育进行创新,拓宽思想政治教育途径,笔者提出以下几点思考。

1.转变观念,加强学习,实现新时代教学结合

长期以来,大学生思想政治教育多采用灌输式教育法,教师、学校、主流媒体拥有无可置喙的话语权威,对大学生的教化往往采用说教的形式,极易引发大学生受众的逆反心理。在新媒体时代的背景下,这种传统老旧的思想政治教育方式弊端尽显,已不适应如今时代的发展需要。新媒体时代,大学生思维活跃,独立思考能力强,对新媒体信息兴趣浓厚,对于新媒体技术也能快速熟练地掌握,并及时运用到自己的学习生活之中。相比之下,许多高校思想政治教育者因循守旧,接受新生事物的能力薄弱,加之受自身新媒体技术所限,思想政治教育过程中时代感不强,思想政治教育工作往往达不到预期的理想效果。另外,教育者本身还需提高自身的技术水平,与时代接轨,与社会及时代发展的需要接轨。新媒体时代的思想政治教育不仅是实施教育,更是不断地进行自我教育。

2.拓宽渠道,加强引导,提升大学生媒介素养

面对具有多元化、虚拟性和自由性的新媒体,大学生思想政治教育工作者要积极拓展新的教育渠道,加强大学生的媒介素养教育。媒介素养应包括作为输入者的素养和作为输出者的素养两方面。作为输入者,即作为接受者,应能够有理性分析媒介信息的能力,尤其是对消极负面信息的批判抵御能力:而作为输出者,即作为传播者,则要自觉提升素养,强化自身的道德精神。为此,思想政治教育者应拓宽渠道,加强引导,不断提升大学生媒介素养,要着重加强大学生对媒介信息的选择、处理、分析、理解、评估、运用的能力,以及输入输出媒介信息的能力。

3.抢占阵地,增强监督,完善新媒体信息环境

新媒体来势汹汹,不仅形式生动,而且渗透力强,对此,高校思想政治教育者要学会科学利用网络信息载体,努力为思想政治教育创造便利条件。例如,建立以思想政治教育为主题的网站,抢占网络思想政治教育的新阵地,使思想政治教育内容从课堂的现实空间跳跃至网络的虚拟空间中。在主题网站的基础上,还可创设诸如讨论吧、论坛、微博等网络阵地,培养学生的“网络综合”能力。除了建设网站之外,还要重视后期对网站的管理和监督,运用先进的技术手段对网络的信息传播进行把关,通过设立网络监督员,对网络的一些不文明信息进行及时的处理和过滤,通过有

效的监控和科学的引导,为大学生的健康成长铺开一方沃土。

另外,高校要深化对新媒体的研究,努力探索新媒体时代背景下思想政治教育工作的规律和新特点,将当代的思想政治教育内容融入新媒体的传播路径中,加强全局管理,为高校校园带来一个积极健康的新媒体信息环境,从而促进大学生思想政治教育积极健康地向前发展。在教育者层面,高校教师应根据自己的实际情况,努力提高和丰富新媒体综合技能和专业知识,确保在学生面前的优势地位,不断创新与提高教育方法与手段,力争做到充分调动当代大学生学习思想政治教育的积极性,引导学生树立正确的科学观、人生观与价值观,坚决杜绝向学生透露不良信息、有害信息以及可能危害学生身心健康的信息,积极引导学生杜绝不良信息的侵入、提高辨别虚假信息的能力、养成拒绝接受危害自己身心健康信息的习惯,在主观上做到优化新媒体信息环境,为当代的大学生思想政治教育事业尽自己应尽的责任与义务。

第三节　高校思想政治教育的内容优化

高校思想政治教育的旺盛生命力在于它的与时俱进。当前我国正处于一个大变革、大发展的时代,国内外的经济和社会生活的新情况和新问题引起了人们思想上的震动,高校思想政治教育的内容也要针对现实情况不断地进行优化。

一、思想教育内容的优化

第一,思想教育的内容紧扣时代脉搏,具有鲜明的时代特征。我国的思想教育以马克思主义的世界观为主流意识形态。在认识和改造世界的过程中,坚持以辩证唯物主义与历史唯物主义为指导。思想教育是解决人的思想上的根本性问题的。思想教育的内容应具有与马克思主义理论同样的与时俱进的品质,具有鲜明的时代特征。

第二,发展中求稳定,创新中求真理。思想教育内容必须具有时代性,但这并不意味着思想教育的内容是一天一个样、三天大变样。思想教育的内容还需讲究稳定性和真理性,思想教育内容的创新并不一味地求新颖。对于马克思主义的一些基本原理和观点是必须坚持的,对于思想教育内容的创新应是在对原有理论做出真理性探求的基础上去发展的。现阶段,我们坚持以建设有中国特色的社会主义理论教育全党、全军和全国人民。之所以坚持它,是因为它是对马克思主义理论的发展,在一个相当长的时期内,我们仍然要用它来教育我们这一代人甚至是几代人。

二、政治教育内容的优化

第一,充分发挥政治教育的经济功能。政治离不开经济,它是对经济基础的反映和表达,同样,政治教育也不能离开经济而进行。从经济这个角度推进政治教育内容的创新是我们努力的方向。我们要看到精神文明对物质文明建设的巨大推动作用。

第二,重视政治教育内容的开放性和宽容性。政治教育在高校思想政治教育体系中居于主导地位,其内容包括多个方面,这些方面本身就是一个开放的体系。首先,它是对内开放的,政治教育内容各个部分是互相吸收、互相借鉴,从而达到协调统一。其次,它是对外开放的。在政治发展过程中,政治教育的内容逐渐淡化以往鲜明的阶级性,政治民主化不断得到加强,在开放的体系中,政治教育的内容变得日益温和、宽容。这是当今政治教育内容的新特点。

三、道德教育内容的优化

第一,社会道德的个体化。社会道德的个体化是道德教育的一个鲜明的特点。在我国几十年的道德教育中,我们常常接受到的是集体主义道德、社会主义和共产主义道德等内容,很少强调职业道德、公民道德等个体道德的内容,忽视了公民素质的培养和提高。随着我国由计划经济体制向社会主义市场经济体制的转变,经济活动由统一围绕着一个目标行动转变为分散的、个体的活动。个体在经济中的重要性不断得到加强。与经济基础的变化相适应,在道德建设的过程中,我国大力提倡公民道德建设,开展职业道德教育,呼唤人与人交往之间的诚信守诺、平等待人。道德教育的内容经历了从社会的整体道德向个体道德的转化。只要每个公民自觉遵守公民道德,严格要求自己,我们的社会道德、社会环境都将取得极大的改善。社会道德的个体化是道德教育发展的基本规律。道德教育过程就是把社会道德内化、规范化,使个体养成道德意识,自觉遵守道德规范。

第二,道德内容调节的范围从只注重调节人与人的关系到既调节人与人的关系又调节人与自然的关系。道德教育的内容经历了一个从人与人的关系向人与物的关系扩展的过程,使得道德教育的内容不断扩大,我们现在说的生态道德、网络道德等道德研究的新课题向我们昭示了研究人与物的关系的重要性。思想政治工作者也要适应新形势、新变化,不断扩大自己的知识面,使思想政治工作不断深入,并在这个过程中找到自己的坚实基础,不断寻求新的理论生长点。

四、心理教育内容的优化

第一,具有更强的针对性和指向性。心理教育主要是提高受教育者的心理承受能力、心理防御能力,引导人们能通过正确的渠道去发泄心中的不良情绪。在传统的思想教育中,往往只注重从思想上解决大是大非的问题,忽略了受教育者的心理问题,即使是在处理心理问题时也往往是"一刀切",用一般意识形态压制个人内心的种种心理活动,针对性、指向性不强,往往难以使受教育者心服口服,使得高校思想政治教育的成本越来越高,监督越来越难,不能真正使外在规范内化。要改变这种状况,就要因材施教、因势利导,针对各种受教育者的不同心理进行不同的疏导,这要求思想政治工作者本身知识面不断扩大,特别是心理教育的内容不断扩大。

第二,向纵深扩展,向外蔓延。在改革开放和社会主义市场经济条件下,一方面工作生活节奏不断加快,先进的经济管理经验不断引入,西方优裕的生活方式也吸引了大批人的目光,而在原有体制和意识形态禁锢下脱身而出的人们展开了一场追逐财富的赛跑,这对人们的心理产生了相当大的压力。另一方面,在社会主义市场经济中,经营主体是个人,组织松散,缺少一种安全感,所以人的心理特别脆弱,尤其是在长期实行计划经济体制下,人们非常容易产生对过去的眷恋之情。在社会现实生活的压力下造成大量心理问题,需要心理教育的内容不断充实,范围不断扩大。

第四章

高校思想政治教育的途径

　　大学精英式教育随着高校招生人数的增长转向了高等教育的普及。在多元化文化、经济的影响下，大学生们在个性以及思想道德素质等方面都产生了很大的变化。因此大学生的思想政治教育就不可能再通过之前的相对比较一致的大规模的教学方式来进行，应当根据大学生的个性特点以及思想的变化对思想政治教育的教学方式进行改进。

　　改革开放以来，伴随我国经济、政治、文化的迅速发展和深刻变革，大学生思想政治教育在艰辛探索中不断更新理念、创新形式、拓展渠道，总结和创造了一些新方法、新经验，以有效应对现实情况的变化发展，逐步形成了加强思想政治理论课建设、深入社会实践、建设和谐校园文化、形成社会教育与家庭教育合力等主要实现路径。

第一节　加强思想政治理论课建设

一、充分发挥高校思想政治理论课"主渠道"功能

（一）深刻认识新形势下高校思想政治理论课的重要地位和功能

实现中华民族的伟大复兴，教育是基础，必须把教育摆在优先发展的位置。教育之本在于育人，在于为国家和民族培养人，必须抓好"立德树人"这一教育的立身之本。坚持"立德树人"，高度重视思想政治工作，是我党的优良传统和政治优势。习近平总书记以深邃的战略眼光、高超的政治智慧，及时把握时代大趋势、弘扬优良传统、创新思想政治工作的理论和实践。他在全国高校思想政治工作会议上指出，高校思想政治工作关系高校培养什么人、如何培养人以及为谁培养人这个根本问题，因此，"要用好课堂教学这个主渠道"。这些重要论述创造性地发展了党的思想政治工作的理论和实践，既精辟概括了高校思想政治工作在高等教育发展中的核心地位，又进一步强调了高校思想政治理论课不可替代的"主渠道"功能及其时代要求。

学习落实习近平总书记的重要讲话精神，就要从"民族复兴""立德树人"的战略高度来重视高校思想政治理论课，举全党全国之力，把马克思主义理论学科作为优势学科发展，把高校思想政治理论课作为第一"核心"课程加强建设。广大高校思想政治理论课教师，一定要不辱使命，坚持学科自信和课程自信，守望"主渠道"、筑牢"主阵地"。

（二）深刻认识高校思想政治理论课建设面临的新挑战、新任务

高校思想政治理论课，是传播马克思主义理论的课堂，是对学生进行马克思主义理论教育、为学生一生的成长奠定科学思想基础的课堂。高校思想政治理论课要不断地在总结经验中健康发展，在发现问题、解决问题中改进优化。历史实践证明，及时变革或完善建设方案，不断创新内容和方法，是高校思想政治理论课永葆生机的动力之源，也是高校思想政治

理论课建设的根本遵循。

（三）聚焦亲和力和针对性，实现高校思想政治理论课建设的突破性发展

亲和力是指思想政治理论课对大学生所具有的亲近、吸引的潜在功能，以及大学生对思想政治理论课产生的亲近感、趋同感。要聚焦教材、教学、评价，切实提升思想政治理论课的亲和力。在一门课程亲和力的整体要素中，教材亲和力是前提和基础。应抓好教材修订契机，对统编教材的框架体系、内容结构、文字表述进行修订、补充和完善，进一步增强统编教材的科学性、说服力和吸引力；要以统编教材为龙头，以教师参考用书、学生辅学读本为主要内容，构建广大师生的立体化教材体系。增强教学的亲和力，还必须抓好课堂教学这一基本环节，实现好教材体系向教学体系的转化。要引导大学生学习掌握世界物质统一性原理，坚持从客观实际出发规划人生、谋划未来；学习和运用矛盾分析方法，积极面对和化解学习、生活、工作中遇到的矛盾与困难，不断增强辩证思维能力，提高驾驭复杂局面、处理复杂问题的能力。

二、创新思想政治理论课教学方法

大学教育中，课堂始终发挥着主导作用，教育效果和质量的提升必然要通过课程建设来实现。思想政治理论课教学内容、方法都要不断地改革与创新，要有实质性的推进，尤其是要改革创新灌输理论、旧的说教方式。

高校思想政治理论课教学改革创新要注重教学方式方法的改进创新。高校思想政治理论课教学方式方法是教学内容得以展现的载体，是教师开展教学的重要途径。灵活有效的教学方法是高校思想政治理论课实效性得以提升的关键因素。新时代高校思想政治理论课教学改革创新要结合大学生特点，充分利用各种资源，创新教学方式方法，采取大学生喜闻乐见的教学形式来提高大学生学习的积极性和主动性，从而提升思想政治理论课教学的实效性。高校思想政治理论课教学改革创新要充分利用课堂内外、校园内外的教学资源和平台，合理运用各种教学载体，改革创新思想政治理论课教学方式方法，包括改革创新课堂教学方式方法和课外教学方式方法，充分发挥课堂内外教学因素的作用，采取灵活多样的教学方式方法，不断提升思想政治理论课教学成效。

（一）改进教学方法必须尊重学生的个性

马克思主义教育的目的是让每个人都获得发展，解放人的个性，促进人的全面发展。个性是人最宝贵的品质，正是因为社会多姿多彩，缺乏个性的教育是违背创造力的。在教学过程中，教师要根据受教者的教育，充分激发学生的潜力，从而达成我们的教学目的。

在新的社会发展形势和发展社会背景下，我们要充分尊重大学生思想政治教育状况的实际和大学生思想政治水平的现状，本着个性解放、多元发展的基本思路，根据当前的实际状况，对大学生思想政治教育的发展进行全面的规划。

在教学中，教师在改进教学方法的过程中有三个方面值得注意。

一是从小处入手，放弃假大空的说辞和不切实际的目标，将思想政治教育理论课当作教育学生做人、鼓励他们前进的阵地。

二是思想政治教育课要教会学生如何在大学生活中扮演好自己的角色，并培养他们离开校园进入社会为人、生活以及工作中需要的素质和品德。

三是树立终身学习的目标，激发他们的学习兴趣与学习欲望，充分激发他们的潜能。

（二）利用文化资源，采取文化熏陶教育法

高校要积极利用文化资源，在教学内容中加入中华优秀传统文化和革命文化、社会主义先进文化，发挥优秀文化的育人作用，将优秀的文化引进课堂、走进校园，引导大学生积极参加健康有益的文化活动，积极阅读优秀的文化作品，用优秀文化来感染学生。高校思想政治理论课教学改革创新要注重文化在课堂课外教学中的作用。

一方面，课堂上教师要积极利用相关文化资源，讲好中国故事，将各种文化资源的教育因素和课本知识内容结合起来；另一方面，课堂外要积极挖掘文化学习资源，发挥课堂外文化资源的育人作用。首先，高校要积极利用校内文化资源，创设良好的校园文化环境来开展对大学生的思想政治教育。高校思想政治理论课教学改革创新过程中，可通过挖掘校内思想政治教育文化资源，以营造环境、树立典型等方式来进行思想政治理论课教学，提高思想政治理论课教学成效。比如通过典型人物的雕像塑造、宣传栏标语展示、先进人物事迹图片展示等方式来开展对大学生的思想政治理论课教育，提升思想政治理论课教学成果。其次，高校要积极利用校外红色文化资源,通过校外红色资源来加强对大学生的思想政治教育。习近平总书记也多次强调,要用好红色资源,传承好红色基因,把红色江山世世代代传下去。中华民族有很多红色文化教育资源,高校可结合实际情况,组织学生到红色精神产生的地方进行参观学习,通过实地学习来接受文化熏陶,提升自身的修养。

(三)利用网络资源,采取多媒体网络教学法

当今是信息化网络化的时代,大学生日常的学习生活与网络媒体紧密相关。网络媒体作为信息传播的重要载体具有开放性、互动性等特点,人们可以通过网络媒体迅速接收大量的信息。高校思想政治理论课教学改革创新要积极利用网络媒体,发挥网络媒体在思想政治理论课教学改革创新中的作用。高校思想政治理论课教师要积极利用网络资源,发挥网络上的思想政治理论课教育资源的作用。同时,高校思想政治理论课教师要积极创新教学手段,利用多媒体技术开展思想政治理论课教学。多媒体网络教学方法主要是借助计算机技术用声音、图像、视频等多种方式展示教学内容的方法。多媒体网络教学方法打破了传统的单一照着课本印刷内容讲授的教学方法,是在教学过程中通过丰富多样的图片、声音、影像等元素的融入来展示教学内容的方法。多媒体网络教学方法具有吸引力强、展示力强等特点,是大学生比较喜欢比较乐于接受的方式。活灵活现的视频能够吸引大学生的注意力,引起大学生学习的兴趣,提高大学生学习的积极性。

思想政治教育理论课的开展可以与互联网相结合,二者的结合能够最大限度地发挥课堂教育以及网络教育的优点,克服和弥补单独对大学生进行思想政治教育过程中的缺点和不足。理论课教育可以借助丰富的互联网资源,充实与丰富课堂教育的内容,同时也可以增强思想政治教育课的吸引力。网络是一把双刃剑,如果不对大学生的网络行为进行管理与规范,就会对大学生的成长带来很大的影响,通过思想政治教育理论课的筛选与约束,大学生可以更好地利用网络信息与网络知识,提升大学生思想政治教育的效果。

一方面,将多媒体技术应用到课堂教学上,丰富课堂教学形式。高校思想政治理论课教师要利用网络载体,采用多媒体网络教学方法。在课堂上进行知识讲解的时候,打破传统的单一的照本宣科的教学方式,让学生除了能借助教材文字图案进行学习,也可以通过其他声音、影像的学习来接收相关知识。另一方面,将多媒体网络利用到教室外的教学中去,发

挥线上教学作用。线上教学主要是通过利用网络平台,将教室课堂转移到网络上去,利用网络来开展教学。线上教学具有灵活性强、互动性强、时间限制性小等特点,是线下课堂之外的有效补充方式,高校思想政治理论课教学改革创新要注重发挥网络的有利作用,注重线上教学作用的发挥,采取线上线下相结合的教学方式来开展思想政治理论课教学。信息化网络化的时代,大学生的学习、生活很多方面都要通过网络来开展,网络平台作为一种重要的平台对大学生的学习、生活具有很大的影响。

（四）利用活动载体,采取实践活动教学法

高校思想政治理论课教学改革创新需要发挥活动载体的作用,通过实践活动教学让大学生参与其中,提升学习的主动性和积极性。实践教学法是大学生巩固理论知识、加深理论认识的有效途径,有利于学生素养的提高和正确价值观的形成。高校思想政治理论课教师要通过开展实践教学活动,将思想政治理论课教育内容寓于大学生喜闻乐见的实践活动之中,通过实践教学活动来发挥大学生的主观能动性与创造性。高校思想政治理论课教学改革创新要注重发挥校园实践活动和校外实践活动的作用。

一方面,利用校园实践活动开展教育。高校思想政治理论课教学开展过程中,可组织大学生在校内开展相关活动,比如志愿服务活动、诚信教育、寝室文明评比、主题征文比赛、争先创优演讲等活动,校园实践活动是课堂教学的补充与拓展,通过校园实践活动可将思想政治理论课课堂教学与实践育人结合起来,丰富思想政治理论课实践教学形式。另一方面,利用社会实践开展教育。高校思想政治理论课教学改革创新要注重利用社会大课堂,通过实践教学活动的开展来推动学校思政小课堂与社会大课堂的有机结合,促使大学生在实践活动中接触社会,观察、思考和解答问题。比如高校可组织大学生结合教学主题内容深入学校、社区、街道等开展调研实践活动、志愿服务活动等,组织大学生到政府机关、企事业单位、精准扶贫一线开展基层实践锻炼,组织大学生到博物馆、革命圣地和红色地区进行参观调研等,促使大学生通过与社会的接触来更好地接受教育。通过各种活动的举行开展实践教学,有利于深化课堂教学,有利于将第一课堂与第二课堂结合起来,使思想理论教学与生活实践相结合,提高大学生学习的积极性和主动性,提高思想政治理论课教学质量和效果。

（五）利用典型案例，采取案例教学法

案例教学法也是情境教学法，是在教学过程中通过现实案例的重现而让学生加以学习、分析和评判的过程，从而深化学生对相关科学知识的掌握、提升学生的综合素质的一种教学方法。案例教学法具有明确的目的性，主要是通过具有代表性的典型事件，让学生结合案例进行思考和分析、评价，通过对案例特别是先进案例的学习来提升自身的思想道德素养，提升自身分析问题解决问题的能力。同时，案例教学法具有较强的说服力。案例教学一般都是通过对客观真实的具有代表性的事件的重现或描述来让学生学习，都是发生在现实中的真实例子，具有代表性、说服力，在教学过程中能够提高学生学习的积极性。高校思想政治理论课教学改革创新需要发挥案例教学法的作用，在思想政治理论课教育教学中采用案例教学法，能促使思想政治理论课理论知识学习与现实社会和生活实际例子结合起来，有利于吸引学生学习的兴趣，提升思想政治理论课教学成效。

通过对案例的解读、视频的播放、图片的解析等，传达课程的内容。调整课堂教学输出模式，讲解概念要与生活案例结合，讲解原理要运用到现实中，有历史的就要有现实的。

一方面，举行"名师进课堂"教学活动。可通过邀请校内外先进模范、行业典型进课堂的形式来现身说法，邀请地方党政领导干部、企事业单位负责人、社科理论界专家、各行业先进模范、抗战老兵，校内先进典型人物等走进思想政治理论课堂进行讲学，结合自身的优秀经历帮助大学生了解和学习，促使大学生以先进为榜样，以优秀为目标，不断提升自身的综合素质。另一方面，进行课堂案例分析活动。高校思想政治理论课教师在开展思想政治理论课教学的过程中，可组织大学生对社会历史或当前现实中的案例进行剖析来习得相关理论知识，培养正确价值观念。进行案例教学的过程中，高校思想政治理论课教师要注重选取有针对性的教学案例，设计好对教学案例的思考讨论等环节，包括组织落实好课堂案例的讨论、分析，对学生的表现及时点评和总结、案例分析报告的撰写等方面。

第二节　深入社会实践

实践是人的认识活动中必不可少的一环。在高校思想政治教育中,社会实践是重要环节和重要途径,对于促进大学生了解社会、了解国情,增长才干、奉献社会、锻炼毅力、培养品格、增强社会责任感具有不可替代的作用。

一、大学生思想政治教育社会实践的特性

(一)综合性

大学生社会实践活动必须具备社会实践内容的全面性、实践形式的多样性和实践理念的包容性,这就赋予了大学生社会实践活动所具有的综合性特征。首先,大学生社会实践应该实现德、智、体、美的有机结合,完成全方位育人的目标,强化社会实践内容的全面性;其次,大学生社会实践应该实现自我教育、学校教育和社会教育的有机结合,突出社会实践形式的多样性;最后,大学生社会实践应该实现主观与客观、理论与实践的有机结合,彰显社会实践理念的包容性。[①]

(二)主体性

大学生社会实践突出实践性,即主体本身的积极性、主动性和创造性,是以主体的全面发展为目的,通过生动活泼的活动来影响主体的观念和行为的。因此,相对于传统思想政治教育强调以学科知识体系为中心、以教师为中心,现代思想政治教育实践教学更应当充分尊重学生的积极性、主动性和创造性,发挥学生自学自律的功能,培养学生的主动性和创

[①] 钟燕.新媒体视野下大学生思政教育创新探索[M].天津:天津人民出版社,2022.

造力。首先，实践教学以培养、提升学生的主体性为目的，而不是单纯地灌输政治观念和理论知识；其次，现代思想政治教育实践教学在整个过程中都注重学生的主动参与和亲身体验，学生在活动中处于主体地位。无论是实践课题的选定、材料的搜集或者具体实践活动的选择和开展，还是实践活动结束后的总结与升华，都离不开学生积极性、主动性的发挥。可以说，强调学生的主体性是实践教学的本质特征之一。

（三）预演性

社会实践活动是大学生对未来社会生活、工作方式与学习方式的一种预演，可以对大学生产生积极作用，有利于培养成人感受和社会性情感，锻炼自理能力，培养日常生活、工作技能；有利于他们尽快融入社会，加快他们的社会化进程，尽早成才。

（四）创造性

创造是人类实践活动独有的特征。建设创新型国家，提高自主创新能力，是我国现代化建设的时代要求。因此，培养具有创新精神与实践能力的高素质人才，是高等教育肩负的历史使命。大学生作为继往开来的年轻一代，在社会实践活动中同样要完成学习继承的历史任务，更要勇于面向未来、开拓创新。这就要求大学生社会实践活动必须具有创造性特征，这种创造性特征具体表现为以下方面：首先，大学生在社会实践教育活动中活学活用知识的应用性特点；其次，大学生在社会实践活动中追求新知、探求未知的探索性特点；最后，大学生在社会实践活动中实现从无到有、综合集成、拓展深化的创新性特点。显然，这种创新性的社会实践活动，有助于大学生处理继承与创新、平庸与卓越、失败与成功的相互关系，为创造性实践引领方向。

二、大学生社会实践的重要作用

当代大学生社会实践活动是一种学习性、成长性和社会化实践，它在大学生的成长过程中起着重要的作用。主要表现在以下三个方面。

（一）有利于对知识的掌握、应用和创新

这是社会实践的首要功能,在社会实践活动这个实践的、整体的和开放的综合教育平台上,大学生可以获取知识,体验情感,发展个性,提升全面发展的水平。

1. 掌握知识

知识就是力量。如果说学生通过课程学习获得的是陈述性知识,那么,社会实践无疑有利于大学生程序性知识的掌握和陈述性知识的理解。

2. 应用知识

社会实践活动是大学生"学以致用"的舞台,它以满足需要和解决问题为核心,强调大学生积极探究所面对的世界,注重大学生在活动中学会发现、学会践行知识。

（二）有利于大学生全面成长成才

1. 提高大学生思想政治素质

在我国高校教育教学体系中,大学生的思想政治素质主要是通过思想政治教育来培养的,而高校思想政治教育的根本原则就是理论教育和实践教育相结合。

社会实践活动强调从理论与实际,从历史与现实等多个角度、多个层次使学生受到教育,强调教育符合社会现实,可以帮助学生剔除思想中不符合实际的因素和错误的观念,引导学生确立新理想、新目标、新追求,树立正确的世界观、人生观和价值观,使大学生在理想与现实的联系中做出既符合社会需要又有助于个性发展的选择。

2. 提升大学生的综合素质

实践出真知,实践长才干。面对当代中国社会日益严峻的就业和求职压力,大学生已经意识到,没有一定的岗位胜任能力和社会适应能力,包括技术应用能力、实际动手能力、组织管理能力、社会交往能力、语言表达能力、办事应变能力等,就会使自己在职场竞争中处于十分不利的地位。

社会实践是加速学生成长社会化进程的重要途径。大学生年龄一般在 18—23 岁,正处于生理上基本成熟、心理上加速发展的阶段。社会实践中可以帮助大学生了解社会、认识社会、体验生活,培养公德意识和社会责任感,树立社会角色意识,提高认识社会、适应社会以及社会交往的能力,从而加速其成长社会化的进程。

社会实践是促进大学生素质拓展的重要途径。如果把知识比喻为大学生的猎物,那么素质就好比是大学生的猎枪。只有素质提高了,才能更好地学习知识、吸取知识,驾驭知识运用知识、创新知识。而大学生在校内学到的书本知识只有经过社会实践的锤炼,才能内化为全面而丰富的个人素质。通过参加社会实践,大学生不仅可以全面提高语言表达能力(母语、外语运用能力、书面口头表达能力)、社会交往能力、搜集处理信息能力、组织协调能力等基本素质,而且还可以提高自己的人文素质(理想信念、人格情操、意志品质、审美情趣等)、职业素质(职业道德修养、职业技能、岗位胜任能力等)和创新素质(创新精神、创新能力)。[①]

3. 锻炼大学生的实践能力

大学生的实践能力就是指大学生解决问题的能力。大学生学到的知识可以在社会实践中得到证实,从而可以强化他们知识与技能的针对性应用和训练。同时,社会实践活动还能有效锻造大学生的分析判断能力、监控评价能力、决策执行能力等情景实践能力。

4. 完善大学生的人格

健康的人格对一个人的成长成才和社会发展来说都有积极的意义,处于"成人早期"的大学生,人格还具有较强的可塑性,社会实践活动能促进大学生准确定位自身价值,培育他们具有远大的奋斗目标和强烈的道德责任感,塑造健康的人格。

---

① 肖亚歌.当代大学生思想政治教育工作机制建设研究[M].北京:中国农业出版社,2019.

（三）有利于推动大学生社会服务

社会实践活动推动着校外现实生活与高等教育之间的有效对接，凸显着自身面向现代化、服务社会的功能。

1. 推动大学生参与生产劳动

与生产劳动相结合是马克思主义教育思想的重要指针。社会实践连接着高等教育与社会生产活动，有效推动大学生走上社会、适应社会需求、承担社会责任。

与生产劳动相结合可以磨炼大学生的立业心智。通过社会实践活动，大学生可以对用人单位的人才需求信息和趋势有一定的了解，认识到来自社会职业竞争的压力，调整自身的立业目标以适应这样的社会，调整心态，转变观念，抓住机会，以"先就业、后择业、再创业"的方式学会生存和立业。实践已经证明，机遇垂青有准备的头脑，心智的磨炼是成功的开始。

与生产劳动相结合是对大学生立业素质与能力的一次综合试行。通过社会实践活动，一方面大学生能够增加工作经验和社会阅历；另一方面，大学生积极参与社会实践活动，能够发现自身的不足，有助于调整课程选择，明确职业目标、自主规划学习生涯。

2. 推动大学生融入人民群众

大学生不仅要从书本上、课堂里系统地学习、接受马克思主义理论和中国特色社会主义理论体系，还必须从当代中国的实践中去学，学会运用马克思主义的立场、观点和方法去分析、研究和解决现实问题。同时，只有积极融入人民群众，大学生的知识体系和能力体系才能得到充实、检验与演练。在校大学生的知识体系和能力体系并不完整，只有通过社会实践逐渐实现社会化，才能做到书本知识和实践知识相结合、能力发展与社会需求相统一。

3. 推动大学生学会生存

社会实践活动可以有效地推动大学生更好更快地融入社会、立足社会、服务社会。此外，我们还应该营造良好的社会舆论环境，制定相应的实践活动细则,规范具体要求,以制度化、科学化的方式保障大学生提高社会化生存能力,从而使他们肩负起新世纪祖国发展所赋予的历史重任。

三、大学生社会实践中存在的问题

大学生社会实践活动在我国高等教育中有着其他课程和活动不可替代的作用。但是,大学生社会实践也存在着不少问题。

(一)社会实践执行过程中缺乏思想内涵

作为社会实践活动的组织管理部门,高校团组织一般根据思想政治教育的内涵制定社会实践活动的主题,但是在执行的过程中,往往会出现思想性不强、内涵缺失、以活动谈活动、缺乏理论反思和进一步提升的现象。究其原因,主要有以下几方面。

一是大学生对理论掌握的水平不高,驾驭实践的能力有待提升。虽然大学生能够认识到只有掌握了马克思主义科学实践观,具有中国特色的社会主义共同理想,才能够驾驭社会实践活动的基本方向,但是还不能在实践中较好地践行。

二是开展活动之前没有明确的目的性、专业针对性不强。社会实践活动流于形式,缺失社会实践活动应有的内涵,活动的开展脱离学生专业结构,未能体现学生专业特色和知识水平,形式单一,内容空泛,毫无特色。

(二)社会实践工作机制不完善

社会实践工作机制的不完善主要表现在以下几个方面。

一是领导机制不完善。当前,高校寒暑假社会实践一般是由共青团或学生工作部(处)的一个部门组织实施的。但是,社会实践活动还涉及行政、教学、后勤等多个部门。只有各个部门齐抓共管、相互配合,才能确保大学生社会实践活动平稳有序地开展。目前,高校大学生社会实践活动还存在着领导机制不完善的问题,突出表现在领导责任不明确、没有形成合力。

二是指导机制不完善。不同类型的社会实践活动有着不同的要求,学生参与其中需要有专职教师作专门的指导。但目前大学生社会实践活动指导教师团队建设还很不够,分类管理、指导思想和机制还很薄弱。

三是激励机制不完善。从目前来看,绝大多数高校在社会实践活动的激励机制建设上仅仅停留在一年一度的"暑期社会实践总结表彰大会"上,通过层层推荐审核,对先进个人和组织进行公开表彰。

四是保障机制不完善。这首先表现在投入不足、经费紧张上。此外,缺乏规范稳定的实践基地也是制约大学生社会实践活动开展的重要"瓶颈"。单靠学生个人去联系实践单位,其效果将大打折扣。只有校方主动与各个企事业单位联系,广建基地,才能保证社会实践活动的持续稳定。[①]

四、大学生社会实践建设路径

大学生社会实践是课堂教育的补充和延伸,是高校育人的有效途径,是高校教学工作的有机组成部分,是大学生成长成才的必由之路。在高校思想政治教育中,大学生思想政治教育活动结合社会实践有序进行是至关重要的。

（一）加强和完善组织管理

1.加强组织管理机制的规范化建设

建立组织管理机制就是要确定社会实践的目标,明确学校组织系统中各部门（如团委、宣传部、教务处、人事处、科研处、各院系等）在大学生社会实践中的职责。需要指出的是,校团组织不要怕失权和放权,一切只要有利于社会实践活动有效开展的,都应该大胆去尝试。在具体的实践活动中,要注意把活动的"点""线""面"相结合,既要重视社会实践的"点"和"线",把某一类实践活动搞得有声有色,又要紧密关注面向学生个体的社会实践活动。对学生个体也应在社会实践主题的确定、实践方式的选择、具体实践活动的实施、实践报告的撰写等方面进行有效的指导,并明确提出实践的具体要求。

---

① 卢保娣.新时期大学生思想政治教育引领与建构[M].北京:中国水利水电出版社,2016.

2. 丰富大学生社会实践的形式和内容

社会实践要形成自身的特色和品牌,既有利于实践活动的稳定发展,又不断迈上新台阶。要充分考虑地方的需要,大力开展多种人民群众迫切需要的服务活动,如支教、送医疗和科技知识下乡、送文艺活动、法律援助活动等。可以采取不同的活动形式,比如社会调查、生产劳动、志愿服务、公益活动等,但一定要深入下去,不能浅尝辄止,做表面文章。要有不怕吃苦的精神,比如搞农村社会调查,事实上完全可以到田间地头访问,采写实实在在的数据,了解劳动者真正的心声,掌握第一手资料;而不是找几个村干部拿点现成的数据,说几句无关痛痒的话,写一篇应付式的调查报告。只有沉得下去,才能切实感受到社会最真实最有用的东西,才能真正获得提高。

3. 完善大学生社会实践的监督、考核评价机制

高校社会实践的对象是全体学生。因此,要建立真正对广大学生起激励作用的实践考核评价机制,把社会实践成绩记入学分。另外,可考虑建立社会实践资信证书制度,把参与社会实践的质量与学生将来的就业挂钩,以此来提高学生参加社会实践的积极性。

(二)加强大学生社会实践的宏观管理

大学生社会实践活动的宏观管理关键在于大学生社会实践活动领导机制、指导机制、激励机制和保障机制的建设。

1. 建立领导机制

要建立校、院(系)两级领导机构。在此基础上,要建立和完善包括责任制、督查制、报告制等在内的领导机制。教学管理部门要抓好属于"第一课堂"的专业实习类、军事训练类社会实践活动;学生管理部门、党群组织要抓好属于"第二课堂"的生产劳动类、社会调查类勤工俭学类,科技服务类、志愿服务类和挂职锻炼类社会实践活动。[①]

[①] 霍朋,郭红玲.多元文化视角下大学生思想政治教育研究[M].北京:中国水利水电出版社,2015.

2. 建立指导机制

没有高水平的专业指导,就不可能有高质量的社会实践活动。要建立校、院(系)两级指导教师团队。在此基础上,要进一步完善指导机制。一是通过加强课程建设,建立和完善大学生社会实践培训课程体系及课酬制度,来推进校级指导教师团队的知识化和专业化;二是通过建立大学生社会实践指导教师进修培训制度和活动补助制度,来推进院(系)指导教师团队的建设。

3. 建立激励机制

社会实践活动的最终受益者是学生。如果学生在活动中没有积极性,只是被动地参与,那么这样的社会实践活动就没有什么实效性可言了。因此,必须从学生在社会实践活动中可以获得什么,或者说作为施教者可以通过社会实践活动给予学生什么这个根本问题出发,建立完善的激励机制,才能实现学生从"要我参加"到"我要参加"的转变。对于专业实习、军事训练、生产劳动、社会调查等"必修科目",除了要根据不同情况,给予学生一定的交通补助和生活补助,同时还要通过总结表彰大会这种形式,对表现优秀的个人和集体进行公开表彰。对于勤工俭学、科技服务、志愿服务和挂职锻炼等"选修科目",要建立学分奖励制度。一是探索和建立勤工俭学、志愿服务和挂职锻炼时数与学时之间恰当合理的换算关系,为进行学分奖励提供可靠的基础。二是根据科技服务时间以及科技项目获奖情况,对学生进行学分奖励。

4. 建立保障机制

开展大学生社会实践活动是有成本的,也是有风险的,因此有必要建立大学生社会实践投入机制和风险机制等保障机制。一是要建立学校、学生和社会三方共同参与的多元投入机制。二是要建立社会化的风险保障机制。学生在参加社会实践活动中存在着各种各样不确定的因素,容易发生这样那样的安全事故。因此,除了对带队教师和广大学生进行安全教育采取必要安全措施之外,还要为每一位学生购买商业保险。实践表明,购买商业保险是一种比较稳妥可行的规避风险的办法。

（三）推进大学生实践基地建设

三维实践基地着力从社会实践、科技实践、创业实践三个方面大力推进大学生实践基地建设。

1. 社会实践基地

一方面,大学生可以充分结合区校、村校、校企共建服务活动,在企业建设基地。另一方面,大学生还可以以班级、院系、社团等组织为单位,就近建立实践基地。同时,不同年级的学生还可以采取以老带新的方式组团开展活动,增强实践基地的传承性,为更多大学生经常性地参与社会实践活动提供机会和渠道。

2. 科技实践基地

高校通过开展诸如全国"挑战杯"科技竞赛、国家大学生创新性实验计划等活动,并结合科学商店项目(大学生科普志愿者进社区)在校内建立大学生科创中心,作为科技实践基地。同时,高校可以开展各项科技文化活动为巩固科技实践基地奠定基础。从科技创新的角度承认大学生的科技成果,这样学生科技创新能力的提高反过来激发学生进一步学好科学文化知识和积极参与科技实践基地建设的兴趣,形成了良性循环。

3. 创业实践基地

学校不仅要满足学生创业实践的基本要求,还要通过开展系统的创业教育,选修课程和个别指导对学生进行创业知识培训,鼓励学生把自己的所学所思运用到创业活动中去。不仅如此,在学校统一指导下,学校相关部门与社会相关企业建立创业实践基地,学生就可以将在创业计划竞赛、大学生课外科技作品竞赛等各种竞赛中的作品和创意应用到创业实践中去,从而增强理论与实践结合的主动意识,提高学生创业的积极性。

（四）社会实践要与专业教育相结合

学习是学生的天职。大学教育的一个突出特点就是专业教育。专业知识是大学生日后在工作岗位上的重要"武器"。根据学生不同专业,不同阶段的学习内容和水平,开展相应的活动,使社会实践活动内容和学习内容结合起来。将社会实践与专业教育相结合,既有助于帮助大学生更好地了解社会的需求,明确自我发展的方向,又有助于鼓励大学生在实践中锻炼自我展示的能力,使得工作单位与学生能够顺利进行双向选择,以满足现代社会对人才的多层次要求。总之,通过社会实践,将专业教育融入其中,大学生借以积累就业创业所必需的认识能力选择能力、社会活动能力独立工作能力、社会适应能力、创造能力等,增加自己的职业竞争力。[①]

第三节　建设和谐校园文化

校园文化的建设始终是高校建设的重要问题,尤其是当前很多高校建立了新校区,老校区校园文化的传承、新校区校园文化的开发,以及两者的融合提升,更是当前要面对的重要课题。提炼新的大学精神,丰富其核心价值观的内涵,是建设校园文化的根本。校园文化是社会主义先进文化的重要组成部分,是学校软实力的重要体现,大力建设和谐校园文化,对于推进高等教育改革发展、加强和改进大学生思想政治教育具有重要的作用。

一、校园文化对思想政治教育的影响

(一)校园文化是大学生思想政治教育的催化剂

校园文化无论内容如何、形式怎样都必然是一种积极向上、充满正能量的文化,这使得校园文化成为社会主义先进文化的一个有机组成部分。校园文化要吸纳中国传统文化中"和谐"思想的内核,积极应对和正确解决大学生学习、生活、交往等活动出现的新情况、新问题、新变化和新动向。比如同学间竞争合作关系,自身心理压力调整,个人消费差异带来贫

---

① 李鹏.立德树人之道 大学生思想政治教育理论与实践发展探究[M].北京:中国水利水电出版社,2017.

富现象等一系列问题等,都需要有一个精神理念来统领人们在处理这些状况时的方式、方法。只有当"和谐"文化进入学生的认知视域,才能在理想、信念、成才和素质这些理论色彩强烈的主题教育前,带来一种柔性的文化精神,真正解决好、处理好大学生的实际问题。

（二）校园文化有利于引导大学生主体作用的发挥

高等教育关系着我国传统文化的传承以及新兴文化的传播,所以无论从传统文化的角度还是从新兴文化的角度来看,教育对社会文化的传承和传播都有着重要的作用。高校教师是高素质的文化群体,对教育质量和教育效果有着直接的影响,他们的学识、举止、言行以及作风,不仅对大学生起着示范作用,同时也对受其影响效仿学习的大学生周围的人起着积极的示范作用。

由于社会经历和经验的制约,大学生的人生观和价值观虽然已经基本形成,但是在对价值取向的判断上并没有真正成熟,容易受到朋友、环境等外部因素的干扰,导致认知和行为上的偏差甚至是错误。经过良好的校园文化熏陶,大学生虽然进入社会之后仍然存在社会经验不足等问题,但是他们坚定、明确的人生追求和价值取向可以帮助他们做出最正确的选择。另外,坚定的人生追求可以帮助大学生建立起强烈的自信心,并以饱满的热情和活力感染周围的同学和朋友,发挥自己在思想政治教育中的主体作用。

（三）校园文化增加了大学生思想政治教育的内容

校园文化具有整合、引导、塑造的作用,对大学生思想政治教育具有效果显著的影响力,这在很大程度上丰富了大学生思想政治教育的内容。

1. 校园文化具有追求务实、追求崇高的凝聚力

在当代,这种崇高的精神境界就是"以人为本"的人文精神、"求真务实"的科学精神、"着眼未来"的超越精神和"自强不息"的奋斗精神。正是有这些精神因素的存在,才能聚集成建设中国特色社会主义的共同的理想,把师生的智慧和力量团结到构建和谐校园的共同事业之中。

2. 校园文化对大学生具有重要的教育导向作用

通过丰富多彩的校园文化方式,大学生可以得到精神上的熏陶和教育,从而形成乐观自信、勤奋敬业、严谨笃学等优秀的人格品质。校园文化对勤奋、踏实、诚实、守信、敢于创新的良好学风,以及崇尚科学、严谨求实、善于创新的良好校风具有极为有利的促进作用。在良好校园文化的帮助和促进下,大学教育才能将其最大的作用发挥出来。

3. 校园文化具有源源不断的创造力

大学作为思想最活跃、最富有创造力的地方,它同时是新知识、新思想、新文化的策源地,其创造力主要来自担当社会责任的知识分子群体追求真理、体现公平正义的社会理想,发挥着文化对社会进步的强大影响作用。文化可以作为一个维系民族、社团、集体的共同价值取向,使更多大学生在对这一共同认知的追求中,走向真善美。

二、建设校园文化要坚持的基本原则

(一)坚持主旋律与尊重多样性的统一

学校必须建设一个文化层次较高的校园文化环境,传承大学精神,使广大青年学生能养成良好的思想道德品质。这也就要求校园文化建设必须坚持正确的政治方向、价值导向和审美旨向,贯彻党的基本路线和教育方针,高扬社会主义、爱国主义和集体主义主旋律。当今社会各种类型的文化层出不穷,相互交融并得以发展。

(二)坚持积淀传承与创新发展的统一

在学校长期发展的历史积淀中形成的、具有相对稳定性的文化传统意识是现代校园文化传统中最宝贵的部分,对于稳定大学的风格和水准具有至关重要的作用。

校园文化的建设与创造,既是一个继承、借鉴、创新的综合过程,也是一个德育与智育、科学与价值以及人与人相互作用、相互促进的复杂过程。传承学校的特色与优势文化需要依靠学校师生的共同努力与不懈创造。

（三）坚持立足国情与面向世界的统一

面对经济全球化的挑战，校园文化不能回避而应积极主动地融入世界大潮之中，通过与大风大浪的搏击，使自己的羽翼逐渐丰满，从而实现国际化与民族化的统一，实现自身的完善和发展。

从根本上说，对待面向世界和立足国情的态度是与我们对外来文化和传统文化的态度完全一致的。对外来文化和传统文化，校园文化的基本原则是采取分析、辩证的态度，积极利用其合理成分，并结合具体情况加以批判继承、消化吸收。因此，这也是我们在看待面向世界和立足国情时的总方针。

三、加强校园文化建设，突出文化育人

学校校园文化建设要以文化为载体，着眼于人才培养，着力于精神文化塑造。学校应牢牢把握育人为本的校园文化建设主线，努力开创校园文化建设的新局面。

（一）加强校园环境建设，保障校园物质文化和精神文化发展的协调性

加强校园文化的环境建设，主要包括自然环境与人文环境的建设。

1.加强校容校貌等物质文化的建设

校容校貌建设包括学校的建筑风格、绿化美化的程度、自然风景特色、环境整洁水平、设备现代化层次等。校园内可有与本校相关的大家、名师的雕像，主题文化广场，校友捐赠的奇石，校园的花草树木，学校的文明标志牌等。建设校容校貌这种物质文化，一方面在精神上激励大学生进一步前行；另一方面能够培养大学生的审美情趣，强化大学生辨别美的能力。总之，高校要加大对校园文化的"硬件"设施投入，充分利用好校园中的各种文化载体，增强大学生思想政治教育的影响力和辐射度。

2.加强校园人文环境的建设

校园的人文环境建设要通过校史、板报、宣传窗、校训标志、电子标语等方式进行，能够起到对师生的人文情趣的引导作用。高校要使大学生

形成自我教育的习惯,要尊重学生的首创精神,要使民主之风在学校中蔓延,要完善评价激励机制,要高调表彰先进、树立典型,使良好校风浸染每个大学生的心灵。

（二）突出文化育人,使校园科学精神与人文精神和谐发展

在当前多元社会思潮和文化的影响下,学校校园文化建设应始终坚持人文精神和科学精神的相互依存、和谐发展。在学校校园文化建设中,科学精神和人文精神是大学生观察与认识世界不可缺少的两种素养。

1.加强科学精神培养的重要性

当今世界多极化程度越来越高,社会生活日新月异,结合我国社会的发展现状和高等教育的发展改革,顺应社会对于各种人才的客观要求,校园文化的发展必须加强大学生科学精神的培养。当今世界各国主导的观念是把大学定位成一个集科学研究、人才培养和服务社会等各项功能于一体的综合型教育机构。要完成好这一任务,必然要求大学教育的重点放在培养严谨规范、求实创新的科学精神上,使高等学校在学生有限的大学学习时间里,充分利用各种教育资源,传授给学生这一科学精神,从而完成国家和社会赋予高等教育的神圣使命。从我国高等教育改革发展的目标来看,要想充分适应我国社会国际化、信息化发展的客观需求,培养出综合素质高、拓展能力强的合格人才,在学校校园文化建设中,都应该围绕一个核心,那就是培养和激发学生自主精神,独立思考、善于创新的综合能力,在教学设计的理念方面、课程体系及内容方面、在教学方法与手段方面,进一步更新、调整和变革,而这些都与科学精神的本质内涵相辅相成。

2.加强人文精神培养的重要性

国际化对学校校园文化建设中人文精神的培养提出了更高的要求。

加强大学生人文精神培养,有助于学生世界观、人生观和价值观的完善,帮助大学生培养积极向上的精神面貌,树立远大的理想抱负,执着于人生目标的追求。

提高人文素质有助于增强大学生的民族自豪感,培养大学生的爱国主义情感。人文素质本身就体现了强烈的民族性,不同的民族有不同的

历史,不同的国家有不同的文化。

学校校园文化建设加强人文精神培养,有助于解决大学生的心理问题、保持其精神生活的健康。当前学校学生心理问题一直是学生安全稳定问题中的一个主要问题。

3. 保证科学精神与人文精神的统一

学校校园文化建设保持人文精神与科学素养的统一,是突出校园文化育人功能的关键。高等教育培养的社会主义事业的建设者和接班人,应该是既有严谨认真的科学素养,又有健康崇高的人文精神的现代意义上的完整的人。从人类发展的文明史来看,自然科学和人文科学之间是相互补充、不可替代的。我国高等教育担负着培养中国特色社会主义建设需要的合格人才的重要任务,学校应充分认识到,校园文化建设中培养健康合格大学生的关键在于倡导和推进科学精神与人文精神的和谐发展,以此培养的高素质的大学生才能在国家发展建设中起到中流砥柱的作用。

第五章

高校思想政治教育的队伍建设

　　加强高校思想政治教育的队伍建设，是保证高校社会主义办学方向，贯穿落实党的教育方针，从而解决"培养什么人，怎样培养人，为谁培养人"这一根本问题的有效措施。本章主要从高校思想政治教育队伍的必备素质和能力、高校思想政治教育队伍建设的实现路径、辅导员队伍建设研究的思考与展望三个方面展开论述。

第一节　高校思想政治教育队伍的必备素质和能力

一、高校思想政治教育队伍的必备素质

人的素质是指人在先天禀赋的基础上，通过教育和社会实践活动而形成发展的品德、智力、体力、审美等方面品质及能力的系统综合。思想政治理论课教师的素质，是指从事思想政治理论课教学应该具备的各方面的基本条件。"师者，人之模范也。"教师素质对学生有极大的示范影响，直接决定着教学成效。一个素质高的教师，往往教学效果也好；一个素质差的教师，往往教学效果也差。

（一）政治要强

政治要强表现为具有正确的政治立场、坚定的理想信念、较高的政治水平和深厚的家国情怀等方面。

第一，正确的政治立场。政治立场是指个人在观察和处理政治问题时所处的地位和所持的态度。思想政治理论课教师要始终同党和人民站在一起，自觉做中国特色社会主义的坚定信仰者和忠实实践者，忠诚于党和人民的教育事业，在政治上、思想上、行动上与党中央保持一致。新时代的思想政治理论课教师要自觉增强"四个意识"、坚定"四个自信"、做到"两个维护"，始终在政治立场、政治方向、政治原则、政治道路上同以习近平同志为核心的党中央保持高度一致。有了这种坚定正确的政治立场，思想政治理论课教师才能按照党的要求，对学生践行马克思主义信仰、爱国主义、集体主义和共产主义远大理想和中国特色社会主义共同理想教育。

第二，坚定的理想信念。思想政治理论课不仅传播知识，更重要的是帮助学生树立信仰。这就要求思想政治理论课教师既要把知识讲清楚，更要把知识背后的价值、理论蕴涵的信仰讲明讲透。理想信念教育是思想政治理论课的核心内容，教育学生树立远大理想和中国特色社会主义共同理想、坚定"四个自信"是思想政治理论课的重要任务。担负着这一伟大而光荣使命的思想政治理论课教师，当然首先要树立坚定的理想信

念。思想政治理论课教师必须有坚定的理想信念,做到对马克思主义真学、真懂、真信、真用,才能完成好这一任务。较高的政治水平。政治水平是指政治上明辨是非的能力、政治敏感程度以及善于从实际出发做好工作的能力等。思想政治理论课教师具备较高的政治水平,才能在复杂的社会现实中坚持正确的政治方向,才能在大是大非面前保持政治清醒和高度警觉,分清是非、善恶、美丑、荣辱,才能从政治上把握各种社会思潮和各种思想问题,并有针对性地进行思想教育。

第三,深厚的家国情怀。家国情怀是中华优秀传统文化的精髓,是一种融爱国与爱家、国家利益与个人利益于一体的强烈情感。家国情怀是激人奋进的磅礴力量,是新时代思想政治理论课教师政治素质的重要构成。思想政治理论课教师对祖国和民族要有深层、持久的情感,怀有赤子之心,要心系国家和民族,有发自心底的民族自豪感和坚定的文化自信心,自觉把自己的理想同祖国的前途、民族的命运紧密联系在一起,奉献国家和民族。教师的家国情怀可以深深地影响和感染学生,能够激发学生对党、国家和民族的认同,坚定"四个自信",厚植爱国主义情怀,引导学生把远大理想与个人价值结合起来,把个人价值和人生追求融入建设社会主义现代化强国和实现中华民族伟大复兴的奋斗之中,成就大写的人生。

(二)品德高尚

教师的道德品质是一种无声胜有声的教育力量。习近平总书记指出,教师是学生道德修养的镜子。做好教师,要有道德情操。新时代的思想政治理论课教师要不断提高道德修养,提升人格品质,把正确的道德观传授给学生,用良好的道德修养吸引学生、感染学生、影响学生,使学生朝着社会所要求的方向发展。

高校辅导员要培养学生的优良品格,塑造学生的灵魂,这是由辅导员教育性的特点决定的。辅导员不仅需要向学生传授思想政治教育的有关知识,还要向学生传授做人的道理。这就要求高校辅导员首先要具备良好的思想道德风范。辅导员的个人的思想道德风范对学生有重要影响,这种影响是教材、道德格言、奖励和惩罚都不具备的。辅导员良好的个人的思想道德风范能够成为学生学习的榜样,潜移默化地影响学生的学习和发展。良好的个人思想道德风范也能够提高辅导员在学生中的影响力和公信力,使辅导员更易于开展学生工作,提升学生工作的质量和效率。

一是强烈的事业心。思想政治理论课教师要充分认识到自己工作使命光荣、责任重大,对工作要有强烈的事业心,把全部精力投入这项工作中去,以自己教书育人的实际行动报效国家和人民。

二是对学生富有爱心。习近平总书记指出,教育是一门"仁而爱人"的事业,爱是教育的灵魂,没有爱就没有教育;好教师应该是仁师,没有爱心的人不可能成为好教师;教育风格可以各显身手,但爱是永恒的主题。好教师要用爱培育爱、激发爱、传播爱,通过真情、真心、真诚拉近同学生的距离,滋润学生的心田。高校思想政治理论课面对的是学生的心灵世界,致力解开学生的精神世界的深层困惑,帮助学生树立科学的世界观、人生观和价值观。思想政治理论课教师只有具备对学生的爱心,才能做到把自己的温暖和情感倾注到每一个学生身上,用欣赏增强学生的信心,用信任树立学生的自尊,让每一个学生都健康成长,让每一个学生都享受成功的喜悦。

三是人格要正、自律要严。习近平总书记指出:"评价教师队伍素质的第一标准应该是师德师风。"作为塑造灵魂的工程师、培养时代新人的思想政治理论课教师,在师德师风方面应该更加严格地要求自己,即人格要正、自律要严。

人格要正,是新时代思想政治理论课教师道德素养的根本要求。著名教育家叶圣陶指出,教师的职务是"千教万教,教人求真"。教师不仅是科学文化知识的传播者,更是以自己的思想、信仰、道德、情感和行为去影响学生、教育学生,这种影响和教育虽然是无形的,但是持久的、深刻的,常常影响着学生的一生。孔子说:"其身正,不令而行,其身不正,虽令不从。"思想政治理论课教师要在学生人生的"拔节孕穗期",给学生心灵埋下真善美的种子,引导他们扣好人生第一粒扣子,必须人格要正,要做到"以高尚的人格感染学生、赢得学生"。人格要正,要求思想政治理论课教师既要具有高尚的师德,严格遵循《新时代高校教师职业行为十项准则》,又有由内而外的气质风度,用人格魅力赢得学生的喜爱,最终实现对学生高尚道德品质和完美人格的塑造。

自律要严,是新时代思想政治理论课教师道德素质的重要内容。著名教育家叶圣陶指出,教育工作者的全部工作就是为人师表。为人师表,要求教师必须自律,做到言行一致、以身作则,这是教育有效性的重要保证。古人曰自律不严,何以服众。汉朝董仲舒说:"善为师者,既美其道,又慎其行。"善于做教师的人,既完善自己的道德,又谨慎自己的言行。因此,思想政治理论课教师不仅要善于言传,而且要善于身教,所言所论必须身体力行,要求于学生的必须率先垂范,做到人前人后一致、课上课下一致、网上网下一致,以端正文明的行为举止赢得学生的尊敬,影响学生、熏陶学生，最终实现对学生美好行为的塑造。

（三）学识扎实

学高为师，身正为范。具有扎实的学识是对教师的基本要求。习近平总书记指出，做好教师，要有扎实学识。扎实的知识功底、过硬的教学能力、勤勉的教学态度、科学的教学方法是教师的基本素质，其中知识是根本基础。思想政治理论课是一门理论性、专业性、综合性都很强的课程，没有深厚的马克思主义功底、扎实的专业知识和广博的科学文化知识是驾驭不了这门课程的。

深厚的马克思主义理论功底。马克思主义是思想政治理论课的主要内容，思想政治理论课教学就是思想政治理论课教师用马克思主义的真理力量去感染学生，让学生理解、认同马克思主义，引导学生树立科学的世界观、人生观、价值观，确立马克思主义信仰和共产主义信念，坚定"四个自信"的过程。马克思主义理论修养是思想政治理论课教师的基本功，必须下苦功夫认真钻研，力求掌握并在实践中很好地运用。思想政治理论课教师只有具备深厚的马克思主义理论功底，才能用马克思主义的真理力量去感召、吸引、影响学生，才能实现思想政治理论课教学目标。对思想政治理论课教师来说，马克思主义理论修养是基本功，是优势所在，具有特别重要的意义。尽管时代在变化，实践在发展，但马克思主义始终处在时代前沿，具有强大的生命力。思想政治理论课教师在教学过程中通过旁征博引充分展示马克思主义真理的力量，做到以理服人，以真理的力量感召学生、影响学生，用自己深厚的马克思主义理论功底赢得学生。因此，思想政治理论课教师对马克思主义要真懂、真信、真用，坚定理想信念，不断提高自身马克思主义理论修养，才能不断增强思想政治理论课教学实效性。

扎实的专业知识。专业知识即必备的基本知识，是衡量一个人能否从事某项工作的标准。每个思想政治理论课教师都要努力掌握马克思主义理论和思想政治教育的基本理论，为从事思想政治理论课教学打下坚实的基础。思想政治理论课的专业知识主要是指党的思想政治教育的基本理论、基本路线、基本纲领、基本经验和优良传统，以及与思想政治理论课教学关系密切的心理学、教育学、伦理学、社会学、管理科学等多学科知识。掌握这些专业知识，是思想政治理论课教师的内在要求。

广博的科学文化知识。"知识要广"就是要求思想政治理论课教师具备广博的知识，要学贯中西、贯通古今。首先，这是对学生进行马克思主义教育的需要。毫无疑问,马克思主义是真理,是正确的理论,但是思想政治理论课教学绝不是教师对马克思主义的理论观点进行简单的重复。对于思想政治理论课教师而言,不但要理论正确,而且还要能够用丰富的知识多角度论证这些理论观点,让学生认同、接受这些理论观点。其次,思想政治理论课内容丰富、涵盖面广泛,涉及政治、经济、文化、社会、国防、外交、民族、党建等诸多方面,思想政治理论课教师要具备广博的知识,才能把道理给学生讲深讲透、讲清楚、讲明白。此外,教学对象的多样性也要求思想政治理论课教师具备广博的知识。思想政治理论课教师面对的教学对象所学专业各不相同,教师如果对教学对象的专业基础知识有所了解,就能和学生有更多的共同语言,就能拉近师生心理距离,师生之间就容易沟通交流,从而增强教学的针对性、说服力和感染力。

（四）能力过硬

教师的能力是指教师完成教学任务必须具备的才能。教师的能力是多方面的,包括组织教学能力、组织管理能力、语言和形体表达能力、科研能力等。新时代的思想政治理论课教师要全方位提升自己的教学能力,特别是要注重提升科研能力和信息技术能力。

教学与科研密不可分,教学与科研相互促进。教学是思想政治理论课的基本途径,科研是思想政治理论课的重要支撑。思想政治理论课堂必须有扎实的科研成果作支撑,新时代的思想政治理论课教师应该具有较强的科研能力。有学者指出:"马克思主义是世界上最博大精深的学问,讲马克思,不能离开学术空谈,马克思、毛泽东是伟大的学者,是伟大的社会科学家,你没有深厚的学术造诣,那是讲不了马克思、毛泽东的。"没有扎实的科研功底、深厚的科研底蕴,没有科研成果作支撑,思想政治理论课教学效果是无法保障的。青年学生正处于人生成长期,面临许多思想认知、政治认同、价值取向、人生发展等方面的困惑,尤其需要教师释疑解惑、指点迷津。这就需要高校思想政治理论课教师立足于教学中的重大理论问题、现实问题以及学生关注的热点难点问题进行深入研究,提高释疑解惑和解决学生思想问题的能力。

信息的获取、分析、处理、应用等能力,是现代人最基本的能力和素质的标志,也是思想政治理论课教师必备的能力。以互联网为代表的现代信息技术为教育教学提供了现代化手段,极大地拓展了教育教学的时间和空间,新时代的思想政治理论课教师要具有较强的信息能力素质,能够熟练运用现代信息技术。

二、高校思想政治理论课教师队伍素质建设

思想政治理论课教师在教育教学过程中占据着主导地位、起着主导作用，是办好思想政治理论课的关键。教师质量决定教育质量。思想政治理论课教师队伍素质，直接影响着高校思想政治理论课的成效。高校只有切实抓好思想政治理论课教师队伍建设，不断增强思想政治理论课教师队伍素质，才能把思想政治理论课办得越来越好。

教师素质不是自然形成的，而是组织的培养教育和个人的自我修养的结果。组织的培养教育是思想政治理论课教师队伍素质提高的外在条件，个人的自我修养是提高思想政治理论课教师队伍素质的重要途径。只有将两方面结合起来，高校思想政治教育理论课教师队伍素质才会得到提高。

（一）个人的自我修养

自我修养，就是强调人的主观能动性，通过个人的自主学习和积极实践来培养和提高自身素质的过程。思想政治理论课教师只有加强自我修养，努力学习，积极实践，才能不断提高自身素质，成为学生健康成长指导者和引路人。

1.加强学习

思想政治理论课教师承担着马克思主义教育教学任务，肩负着宣讲马克思主义中国化最新理论成果的政治使命，必须做学习的先行者，不断强化理论功底，及时更新知识储备，提高马克思主义素养，才能更好地担当起学生健康成长指导者和引路人的责任。

思想政治理论课是对大学生进行系统的马克思主义理论教育的主阵地，是进行社会主义核心价值观教育，帮助大学生树立正确的世界观、人生观、价值观的核心课程，是学校立德树人的关键课程。思想政治理论课教师不仅要把马克思主义和马克思主义中国化的最新理论成果引进课堂，更要让这些理论进学生头脑，让学生真学、真懂、真信。打铁还需自身硬，思想政治理论课教师只有不断加强学习，增强对理论的理解和领悟，掌握相关学科知识、先进的教学方法以及现代教育技术手段，才能把理论深刻化、生动化，才能把事情讲清楚、把问题讲明白、把原因讲透彻，增强教学的穿透力和说服力，达到良好的教育教学效果。一是学习马克思主

义理论、马克思主义中国化理论成果以及相关学科知识。学习科学的理论是增强理论功底、坚定政治信仰的前提。马克思主义和马克思主义中国化的理论成果博大精深，如果不下苦功夫学、不坚持不懈地学，是不可能学通弄懂的。二是学习相关学科知识。马克思主义理论内容丰富、涵盖广泛，包含政治、经济、文化、社会等各领域，涉及哲学、政治学、经济学、社会学等学科知识。思想政治理论课教师要学习相关学科知识，不断丰富自己的知识储备。三是学习榜样。古人云："三人行，必有我师焉。"思想政治理论课教师要善于向榜样学习，学习榜样的先进教育理念和教学方式，学习榜样的高尚道德情操，提高自身的教学能力和道德修养。四是学习互联网知识和现代教育技术手段，提高信息技术能力。随着互联网的普及，教学方式得以拓展。思想政治理论课教师要自觉学习网络基本知识和操作技术，学会利用互联网平台丰富教学内容，学会利用现代信息技术手段丰富教学方式，增强思想政治理论课教学的生动性和实效性。

2. 积极实践

思想政治理论课教师素质既要在学习中提升，更要在实践中检验和深化。积极实践对于思想政治理论课教师素质的提高具有极其重要的意义。

只有在实践中，思想政治理论课教师才能加深领会马克思主义理论知识，切身体验中国特色社会主义建设巨大成就，提高自身的马克思主义理论素养，坚定共产主义远大理想和中国特色社会主义共同理想。思想政治理论课教师在教学时要充分体现马克思主义的真理性和实践性，使教学具备穿透力和说服力。

只有在实践中，才能显现出教师素质的欠缺，从而有针对性地提高素质修养。只有在实践中，思想政治理论课才能增强教学的针对性和实效性。当今社会，学生可以了解各种各样的思想文化，同时，世界和我国的迅速发展变化使一些学生对诸多社会现象、社会热点产生不解和疑惑，他们急切渴望得到解答，教师也必须解答。教师如果不了解这些变化，只纸上谈兵、照本宣科，就不能解答学生存在的实际问题。因此，思想政治理论课教师要深入社会，研究社会热点、理论难点，将理论和实践紧密衔接起来，及时科学分析和解答学生的疑惑。

（二）组织的培养教育

欲正人者先正己，教育者必先受教育。有针对性地加强培养培训是提高教师履职能力、业务水平的重要举措，教育主管部门和高校要建立多层级、多途径、多形式的思想政治理论课教师培养教育体系。

做好岗前教育培训。按照"先培训后上岗"的要求，高校要组织好新入职教师岗前培训工作，提高新入职教师的教育教学能力和理论水平。岗前培训的形式要多样化，可以采取专题讲座、小组研讨、教学观摩和现场教学相结合的多种方式。岗前培训的内容要全面。一是师德师风教育，帮助新入职教师深刻认识思想政治理论课的地位和价值，增强新入职教师的使命感、责任感和自豪感。二是围绕教学理念、教学设计、教学组织与实施、教学方法改革开展教学专题培训，提高新入职教师的教学能力。三是科研学术培训，提升新入职教师的科研水平。

做好在职培养培训。高校要全面落实教育部关于思想政治理论课教师培养培训的有关规划，把思想政治理论课教师的培养培训纳入学校人才培养、培训总体规划，并适当给予倾斜。一是学历提升。高校要积极鼓励支持专职教师攻读马克思主义理论相关学科的博士学位，不断提高思想政治理论课教师队伍的学历层次。二是在职进修、访学。高校有计划地选送思想政治理论课教师脱产到各类学校进修或访学，系统地学习理论和专业知识，提高思想政治理论课教师队伍素质。三是在职培训。在职培训是提高思想政治理论课教师队伍素质的主要途径。高校要充分利用校内外资源，建立多层次的教育培训体系，通过多种途径，把长期短期、校内校外结合起来，实现对思想政治理论课教师培训的全覆盖。四是组织开展国内外考察调研活动。高校要落实国家相关规定，积极创造条件，组织思想政治理论课教师到国内外开展考察调研，让思想政治理论课教师深入了解我们党带领人民在革命、建设和改革实践中取得的巨大成就，在中外比较中发现优势，总结经验，进一步坚定马克思主义信仰，增强"四个意识"、坚定"四个自信"，并及时传导到课堂，感染到学生。

三、高校思想政治教育队伍的必备能力

（一）组织协调能力

一般情况下，高校辅导员要管理的学生约有一百多人，面对如此庞大

的群体,要求辅导员要具有组织管理能力和协调沟通能力。在工作中使用科学的管理方法能够培养学生的独立意识、现代生活观念和人文精神。随着时代的发展,当代高校大学生有着强烈的民主意识和自主观念,这就要求辅导员要使用科学的管理方法对其进行管理。如建立公平合理的规章制度对学生进行管理。建立科学合理的规章制度并切实地执行,能够展现辅导员的管理能力和管理素质。同时,辅导员还要与学校的各个部门积极沟通,协调工作。良好的沟通协调能力是高校辅导员的一种专业能力。良好的沟通协调能力不仅能应用于与学校各个部门的沟通,也能应用于与学生的沟通。积极有效的沟通能够促进学生工作的展开。

高校辅导员的组织协调能力包括班级结构设计、班级人员配备、指导班级实现学习目标。班级结构设计要以班级整体目标和班级的主要任务为基础。

(二)语言表达能力

高校辅导员要具备良好的语言表达能力,在对学生进行思想政治教育和展开学生工作时要使用内容丰富、逻辑严谨、形象生动的语言。语言表达能力对于高校辅导员来说至关重要,辅导员要掌握一定的表达技巧,使自己的语言表达准确、严密、生动。高校辅导员要掌握交流沟通和论辩的技巧,能够准确完整地表达自己的观点,要善于作演讲和宣讲。此外,高校辅导员要能够使用语言将自己的工作思路条理清晰地表达出来,以便向学校领导汇报工作。

思想政治教育主要是通过语言完成教师和学生之间的交流。因此,语言表达对于高校辅导员工作的完成有重要影响。

高校辅导员的语言表达要适应学生的层次性的特点。高校学生有层次性的特点,这些学生来自不同的年龄层,有各自不同的经历,具有互不相同的性格和素质等。这就要求高校辅导员要在与不同的学生沟通时采取不同的语言表达技巧。

对于勤奋好学的学生要使用委婉的侧面提醒的方法,使这一类型的学生能够及时发现自己在学习中存在的问题和不足之处;对于平时不遵守学校规章制度和课堂纪律的学生要使用严肃批评的方法,直接对其不良习惯给出严厉的警告;对于自尊心较强的学生要使用柔和委婉的语言向其讲述道理;对于性格活泼的学生要使用活泼生动的语言对其进行教育;对于学生干部要采取直接沟通的方式,直接指出学生工作中的问题;对于学习成绩处于班级中层的学生要使用激励性政策鼓励他们努力学习；对于学习成绩不佳的学生要使用开导性的语言，劝其努力学习。总之，高校辅导员要根据学生的不同层次使用不同的语言进行沟通，并针对学生的具体问题给出建议。首先，高校辅导员的语言表达要满足学生爱的需要。高校辅导员要保证能够为学生提出正确的建议，在向学生提出建议的同时还要得到学生的尊重和爱戴。高校辅导员要在语言表达中表达出学生的关心和爱，如果不是发自内心地喜爱学生，那么他的语言表达将是苍白无力的。高校辅导员需要对学生进行严格管理，但要通过耐心的教诲实现对学生的严格管理。其次，高校辅导员的语言表达要满足学生想要获得尊重的需要。高校学生有较强的独立意识和强烈的自尊心，针对这一特点，高校辅导员应在学生工作中使用恰当的语言激发学生的自尊心，使其发奋学习，以实现在平和的语境中获得最佳的表达效果。最后，高校辅导员可以使用幽默的语言向学生讲述道理。幽默的语言能够吸引学生注意力，提高教学效率。

（三）服务学生的能力

高校辅导员既是教育者又是管理者，同时也是服务者，在全面推进素质教育的工作中具有重要力量。高校辅导员应具备服务学生的能力以扮演好"服务者"的角色。在当今社会主义市场经济大发展的条件下，由现实问题带来的思想问题越来越多。一般来讲，高校大学生绝大部分的思想问题是由现实问题引起的。辅导员要想办法积极有效地解决高校大学生存在的现实问题，对于不能及时有效地解决的现实问题，辅导员要对学生进行心理疏导，减轻学生的心理压力。现阶段高校毕业生面临很大的就业压力，毕业生亟需就业指导和就业帮助。辅导员与学生的关系最为密切，在毕业生的就业指导工作中具有重要作用。高校辅导员应为毕业生提供必要的就业指导和就业服务，指导毕业生科学择业，减轻毕业生的焦虑。

（四）自我控制和驾驭复杂局面的能力

高校辅导员要掌握一定的心理学知识和心理发展规律并对自己的心理特征有一定的了解，以帮助自己形成对辅导员角色的具体认识。在工作过程中，辅导员要面对来自各个方面的各种各样的问题，心理状态和情绪难免出现波动。这时辅导员就需要运用心理学知识调整心态，平稳情绪，以保证顺利完成工作。此外，高校辅导员需要在工作过程中保持良好的情绪,这样能够提高工作效率,也能使辅导员更受学生的欢迎。现代社会不断发展,社会中出现了很多不确定因素。高校辅导员主要负责学生的思想政治教育,与学生的接触也最为频繁,因此会遇到很多不确定因素。为有效应对这些不确定因素,高校辅导员应在实践中不断锻炼自己,分析影响学生行为和思想的各种因素,以便在面对复杂疑难问题时能够快速判断成因,及时找出应对策略。

第二节　高校思想政治教育队伍建设的实现路径

一、强化合作意识,统筹多维力量,形成思想政治教育合力

思想政治教育队伍是加强和改进高校思想政治工作的组织保证和人才支撑。高校能否形成思想政治教育合力,实际上取决于高校思想政治教育队伍能否与社会、家庭以及队伍内部之间紧密协调、相互配合、相互作用。过去,高校思想政治教育在封闭的环境中进行,缺乏系统的思想和合作的意识,往往依靠高校思想政治教育队伍自身的力量"单打独斗",显得势单力薄,效果有限,甚至往往自身的工作努力和成效被校内外其他方面的因素所抵消,局面十分被动。因此,高校在推进思想政治教育队伍建设的进程中,应该强化合作意识,统筹多维力量,注重加强校内外的合作与整合,形成巨大的高校思想政治教育合力。

首先,高校思想政治教育队伍内部要协调配合。高校思想政治教育队伍是一支由高校党政干部和共青团干部、思想政治理论课教师和哲学社会科学课教师、辅导员班主任和心理咨询教师等组成的专兼职结合的综合性队伍,开展高校思想政治教育工作,任何一支力量单兵作战都是不科学的,都不能达到思想政治教育的综合效果。高校思想政治教育队伍内部分工明确,有着各自的工作职责:党政干部和共青团干部负责领导、组织、协调、宏观把握工作,思想政治理论课教师和哲学社会科学课教师负责对基本理论、知识和党的路线、方针、政策的传递和培养,是一种显性教育,而辅导员班主任和心理咨询教师主要负责日常的思想政治教育工作,在对学生活动的组织中、生活的关怀中、就业的指导中展开工作,产生一种潜移默化的影响。但是在合理分工的基础上,高校思想政治教育队伍内部必须密切配合。如果高校思想政治教育队伍内部缺乏合作,缺乏信息与资源共享,就不能形成思想政治教育合力,有时还会相互抵消冲

突。事实上,离开思想政治教育队伍之间的密切配合,是做不好大学生思想政治教育工作的。如学生思想上的一些难点问题仅靠辅导员自身的力量是难以有效解决的,必须充分借助思想政治理论课教师的力量,发挥他们在理论教育方面的优势。同时,辅导员可以发挥自身与学生联系密切、能及时了解学生思想动态的优势,收集、整理有关信息并提供给思想政治理论课教师,共同帮助学生进步。所以,在高校思想政治教育队伍建设的过程中,要充分考虑到队伍内部各支力量的优势和不足,进行资源合理优化配置,促进这几支力量相互配合、相互作用,形成巨大的思想政治教育合力。

其次,高校从事思想政治教育工作的部门之间要协调配合。高校思想政治教育是一项牵涉高校多个部门的集体性工作,必然需要多部门密切配合,形成思想政治教育合力。高校的思想政治教育工作通常由党委宣传部、团委、党校、学生处、教务处和工会、马克思主义学院等单位共同来完成。高校中的马克思主义学院负责理论教学,这是思想政治教育的重要途径。其他的思想政治教育放在学校党团工作、辅导员工作、教学育人、管理育人、服务育人、课外活动和社会实践中来实现。显而易见,高校思想政治教育各部门密切协同,形成合力,方能有效。但是,从目前情况来看,在形成合力共同推进思想政治教育方面,高校做得还不够,存在力量分散的问题。

再次,高校思想政治教育队伍和其他教职工队伍之间要协调配合。高校承担着培养德智体美劳全面发展的社会主义事业的建设者和接班人的重任,其中德育处于首要的地位。思想政治教育队伍是高校思想政治教育的主力军,但不是唯一力量。其他专业课教师、行政管理人员、教学辅助与后勤人员均承担着结合本职工作开展思想政治教育的任务。高校其他专业课教师、行政管理人员、教学辅助与后勤人员虽然从事的工作内容不同、形式各异,但是在根本目的上是统一的,在教育方向上是一致的,都是为大学生成长成才服务。如果高校教职员工认识不到这种一致性,传播错误观点,必然削弱甚至抵消思想政治教育工作者的教育成果。

高校部门和各类人员之间协调配合,形成思想政治教育合力,实现"全员育人、全程育人、全方位育人"的思想政治教育工作格局,首先要明确各部门和各类人员的职责与分工。分工与合作相辅相成,各部门各类人员之间合理的、明确的分工是合作的基础。在高校,几乎所有部门和人员都会与思想政治教育工作队伍发生联系。对高校思想政治教育队伍而言,他们的职责是比较明确的;对于高校思想政治工作部门而言,在涉及教学业务、思想教育、后勤服务等大的方面的分工是明确的,模糊不清往往发生在具体的、交叉的方面或职责规范的空白点。要改变这种状况，就需要在学校的领导下，划分清楚各部门、人员的责任与任务，规范相关事项沟通与协商的工作程序。同时，要设立协调机构，来协调高校思想政治教育系统各部门各类人员工作；要建立相关制度与配套措施，保证协调机构真正发挥作用，如建立定期的学生工作联席会议制度、工作监督报告制度和各部门之间信息沟通制度等。

高校思想政治教育除了要注重加强校内的合作与整合，形成高校内部思想政治教育的合力外，还应该努力改善外部环境，在党和政府的大力支持下，推进家庭育人、学校育人和社会育人相结合，改变高校思想政治教育是高校的"独角戏"的状况，从而形成高校外部的思想政治教育合力。

思想政治教育是全党的事情，是大家的事情，不能只靠政治机关和少数思想政治教育干部去做。把思想政治教育限制在狭隘的小圈子里，必然是冷冷清清、软弱无力、成效甚微，应当发动一切可以发动的力量，调动一切可以调动的积极因素。高校要以开阔的视野，充分整合全社会的人才资源，建立起一支为我所用的权威的资深校外专家队伍。这支资深专家队伍的来源可以是多渠道的，既可以是党政干部、科研机构和其他高校的专家学者、相关行业领域的资深人士，也可以是思想政治工作领域的行家。凭借这支资深专家队伍的专业优势、行业优势、阅历优势、经验优势等，可以从更广阔的视野、更高的层面、更深的思想深度，前瞻性地预测思想政治教育中可能面临的新情况和新问题，迅捷、有效地科学指导思想政治教育工作领域内的相关应对工作，规划和指导相关的工作队伍有效开展工作，从而使高校思想政治教育不管在什么情况下，面临怎样的复杂局面，始终应对自如、切实有效。

实践证明，只有加强高校思想政治教育力量和资源的内外整合，才能有效增强高校思想政治教育的合力，进而提升高校思想政治教育的整体效应，推动高校思想政治教育不断向深度发展。

二、正确处理数量与质量的关系，优化队伍结构

高校思想政治教育队伍建设是一项系统工程，队伍的质、量（规模）和结构等是这个系统的主导因子，这几个因子之间相互制约、相互影响、相互作用，是对立统一的关系。高校思想政治教育队伍建设，必须正确认识和处理队伍质量与数量、规模与结构的关系。

第一，处理好高校思想政治教育队伍数量与质量的关系。高校思想政治教育队伍建设，数量是基础，质量是关键。没有一定数量的思想政治

教育队伍,就不可能有高质量的高校思想政治教育;同时,如果思想政治教育队伍水平不高,就不能做好高校思想政治教育工作。因此,高校思想政治教育队伍不仅要求数量要足够,而且要求质量要高。从现状来看,我国高校思想政治教育队伍的数量和质量问题都存在。因此,在高校思想政治教育队伍建设中,既要有序扩大思想政治教育队伍规模,又要提高思想政治教育队伍素质。

做好高校思想政治教育工作,思想政治教育队伍达到一定规模是基本前提。如果队伍数量不足,特别是队伍数量低于基本需求时,思想政治教育的实施和高校人才培养质量必将受到严重影响。从一定程度上讲,思想政治教育队伍的规模越大,思想政治教育工作者承担的教育教学任务就越少,越有利于教育质量的提高。当然,思想政治教育队伍的数量也不是越多越好,过多的数量既影响思想政治教育队伍的工作量和工作任务,也直接影响思想政治教育成本和工作效率。

第二,处理好高校思想政治教育队伍扩充数量与优化结构的关系。讲究队伍规模是有必要的,没有一定的规模,大部分思想政治教育工作者不得不长期满负荷或超负荷工作,必然影响工作效果。例如,由于一些高校思想政治理论课教师的配备达不到国家规定的标准,"缺编"严重,为了完成思想政治理论课的教学任务,每个思想政治理论课教师不得不承担多个教学班的教学任务。面对几百名学生,在课时短、班级规模大、人数众多的情况下,还得保证教学质量,难度可想而知。因此,高校思想政治教育队伍建设首先要扩充总量,保持合理的规模。高校思想政治教育队伍总量扩充需要一定的客观条件,不能为了扩充规模而"饥不择食",否则就又留下深层次隐患。为此,高校在扩充思想政治教育队伍总量的同时,必须优化队伍结构。

高校思想政治教育队伍扩充总量的过程也是不断优化结构的过程。优化高校思想政治教育队伍结构,在很大程度上决定思想政治教育队伍的整体素质,它是对高校思想政治教育队伍建设提出的重要而艰巨的任务。思想政治教育队伍结构主要包括年龄、学历、职称、学缘、专业结构等方面的构成状态。不断优化队伍结构,就是高校思想政治教育队伍结构分布要相对均衡和科学。从结构上讲,一般来说,在思想政治教育队伍中,拥有高学历、高职称的比例越大,队伍的业务基础越好,学术水平就越高;中青年群体越大,队伍就越具活力和创新精神;专职群体越大,队伍稳定性越好,而兼职队伍建设,不仅能够优化高校思想政治教育队伍的结构,给高校思想政治教育带来生气,而且为专职队伍从事科学研究、进修培训等创造条件。

三、强化专业意识,健全选优机制,促进队伍职业化发展

思想政治教育工作的专业性及其对思想政治教育工作者的极高要求,决定了并非任何人都能从事这一工作、胜任这一岗位。因此,高校在配备思想政治教育队伍时要制定一整套选拔、考核的机制,严把入口关,要做到好中选优。这是保证思想政治教育队伍质量的前提,也是确保思想政治教育队伍可持续发展的必然要求。

第一,严格准入条件,确保选优配强队伍。思想政治教育工作是综合性很强的工作,要求思想政治教育工作者必须具备良好的思想文化素质和专精广博的业务素质。

一是明确意识,端正思想,认真鉴别思想政治教育工作者的能力素质。高校要牢固树立思想政治教育工作的首位意识,端正用人的指导思想,达到人尽其才、才尽其用,切实把政治觉悟高、综合能力强、热爱思想政治教育岗位的人才选配到思想政治教育队伍中来,不能有谁都能做思想政治教育工作的想法。通过选准配强思想政治教育工作者,推动高校思想政治教育工作持续稳步发展。

二是结合实际,因地制宜,制定思想政治教育不同岗位的选拔标准和条件。中华人民共和国成立以来,特别是改革开放以来,党和政府制定的关于高校思想政治教育的一系列文件对高校思想政治教育工作者提出了原则要求,这是我们选拔思想政治教育工作者的基本标准。高校在坚持德才兼备的基本原则和政治强、业务精、纪律严、作风正的基本要求的前提下,要正确处理需要与可能的关系,根据高校思想政治教育队伍现状和不同类别人员的岗位职责要求,对标准进行细化量化,确定相应的准入标准和条件,选拔政治素质优、思想作风好、学历层次高、组织管理能力强,愿意做、善于做思想政治教育工作的人员来做思想政治教育工作。

对不具备资格或不符合从业条件者,一律不准进入高校思想政治教育队伍,避免什么人都可以做思想政治教育工作的泛专业和泛职业的倾向,严禁杜绝不讲专业和职业要求随进随出的现象。坚持人员的高标准,才能保证队伍的高水平。如果降低准入标准,只会造成思想政治教育队伍的恶性循环,不可能适应新时代高校思想政治教育工作的需要。

第二,坚持标准,公开选聘。高校思想政治教育工作人员的选聘,要在明确思想政治教育的岗位数量和岗位职责的基础上,通过选拔、引进、外聘等渠道,采取公开招聘等方式,经过笔试、面试和综合考核等过程,坚持条件,严格标准,实行竞争上岗,择优聘用,严把"入口"关,确保思想政治教育队伍的质量。严禁随意降低要求,更不能通过非正常程序,将不合

格的人员安排进高校思想政治教育队伍。

目前,高校思想政治教育队伍中的新进教师大都是从高校应届优秀毕业生中招聘的,总体上说,这些毕业生能够胜任高校思想政治教育工作,有的还很快在岗位上做出了显著成绩。一次性的笔试、面试,是很难深入了解这些学生内心深处的认识的,而高校难以通过长时间接触去全面准确了解这些学生。如何才能从这些毕业生中筛选出优秀者担任高校思想政治教育工作呢? 我们认为要把握好这样几点:一是切实择优考察。要把学习、品德、现实表现确实优秀的学生筛选出来,重点考察,择优录用。二是要深入面谈。谈话内容要广泛,应当涉及学科理论、时政热点、政治品格等多个方面,从谈话中探查学生的价值观和认识能力。三是适当舍弃。对那些认识问题较偏激、思路狭窄、性格不佳者,哪怕学历高、职称高,也要坚决舍弃。

第三,解放思想,扩大队伍来源。只有队伍来源广了,选择面宽了,才能"优中选优",才能选准配强高校思想政治教育队伍。根据高校的实践经验,选拔人才、充实高校思想政治教育队伍,可以通过以下途径:一是从校内外选拔那些年富力强、具有坚定的共产主义信念、一贯坚持党的基本路线、坚定不移地走社会主义道路、具有较丰富的专业知识、热心于思想政治教育、敢于创新的干部,将他们提拔到思想政治教育的领导岗位上来,并依靠他们加强思想政治教育队伍的建设。二是从校内外业务工作第一线的先进分子中选拔,这是充实基层思想政治教育干部的主要渠道。三是从大专院校相关专业(比如思想政治教育、教育学、管理学、心理学、社会学等专业)且符合条件的优秀毕业生中选拔人才,充实高校思想政治教育队伍。要做好这项工作,高校党委既要解放思想,大胆发现人才,又要严格把关,按组织程序,严格考核录用。

四、健全激励机制

做好新时代高校思想政治教育关键在于思想政治教育工作者,在于思想政治队伍的积极性、主动性、创造性。水不激不跃,人不激不奋。建立和完善激励机制,是充分调动和发挥思想政治教育队伍的积极性、主动性、创造性,做好新时代高校思想政治教育工作的动力,是高校思想政治教育队伍建设的重要内容。

从人力资源管理的角度看,健全激励机制,尊重和保障思想政治教育工作者的利益,是激励思想政治教育工作者强化自身责任感和奉献精神,全力投入高校思想政治教育工作的重要手段。通过自己的努力工作,获得合理的物质利益和精神利益是思想政治教育工作者的正常权利,高校决策部门和管理者要建立完善激励机制,为实现思想政治教育工作者的合理利益提供机制保障,保障他们的正常权益。

人们的需求是产生激励的条件和前提。对物质和精神的需求是人们的基本需要,因而激励的具体形式尽管是多种多样的,但就其基本内容来说,均可分别归入物质激励和精神激励两大系统。物质激励是采用物质激励的手段调动人们的积极性。精神激励是采用精神鼓励的手段调动人们的积极性。在思想教育中必须坚持从物质需要和精神需要这两方面入手,才能保证激励的完整和持久。

实现人的物质利益是人类社会存在和发展的首要条件。如果辛勤地工作在一线的思想政治教育工作者,耐心地做艰苦细致的思想政治教育工作,自己的物质待遇却没有得到应有的保证和改善,长此下去,既容易挫伤思想政治教育工作者的积极性,又会弱化思想政治教育工作的影响力,不利于思想政治教育工作优越性的发挥。要增强思想政治工作的说服力和感染力,不能一味要求思想政治教育工作者"无私"奉献,应该重视从物质利益上对思想政治教育工作者进行激励,建立思想政治教育工作者的利益激励机制。

加强思想政治教育队伍建设,必须满足思想政治教育工作者的正常物质需要,让他们不为生计奔波。这既能使思想政治教育工作者安心于思想政治教育工作,又能不断吸引那些优秀的有潜力的人才加入这支队伍。

物质鼓励是按劳分配原则和物质利益原则在思想政治工作中的具体运用,因而物质激励必须公正,但不搞"平均主义"。平均分配奖励不但等于无激励,而且还可能发生发泄不满、人际关系紧张、不思进取、不求上进等消极现象。因此,物质激励必须坚持公平的原则,才能起到应有的良好效果。

人类不仅有物质的需要还有精神的需要。在思想政治教育工作中,不仅有物质激励,也要有精神激励。思想政治教育对落实立德树人根本任务、培养德智体美劳全面发展的社会主义建设者和接班人、培养担当民族复兴大任的时代新人具有不可替代的作用,高校要高度肯定思想政治教育工作者的工作价值,对他们的成绩和贡献要大力宣传和表彰;要将思想政治教育工作者表彰奖励纳入学校教育工作者表彰奖励体系之中,按一定比例评选,统一表彰;要树立思想政治工作先进典型,宣传他们的先进事迹,充分肯定他们的贡献。

精神激励也必须体现公平原则,现实中存在的有违公平原则的现象必须避免和消除。例如，领导点定、平衡照顾等做法，使得一些被评优评先者名不副实，不能服众，精神激励的效果大打折扣。一些表彰活动也仅发个证书，缺乏对先进的宣传，"空头激励"降低了荣誉的吸引力。

物质激励与精神激励相结合、以精神激励为主，这是我们党的思想政治工作的一条重要原则。物质激励和精神激励虽然属于两种不同的激励系统，但是它们之间并不是相互排斥、相互对立的，而是紧密联系、相辅相成的。只有把物质激励和精神激励相结合，才能收到事半功倍之效。物质激励和精神激励犹如车之两轮、鸟之两翼，缺一不可。物质激励和精神激励相结合，并不意味着二者在激励系统中地位、作用相同。众所周知，人的多重需要是多元的、分层次的，生存、安全等属于低层次需要，尊重和实现自我价值等精神层面的需要属于高层次需要。人的低层次需要通过合理的物质激励就能够从外部使人感到满足，这种满足不具有持久性，因而对人的低层次需要的满足不会形成持久的动力。人的高层次需要是从内部使人感到满足，这种满足具有持久性，因而对人的高层次需要的满足能够形成持久的动力，并对低层次的需要具有制约作用。需要强调的是，人们的物质需要和精神需要在层次上和程度上受多重因素制约，并随主客观条件的发展而变化。一般来说，社会经济文化发展水平比较低，人们的物质需求就比较强烈，而社会经济文化发展水平比较高，人们的精神需求则会占据主导地位。随着中国特色社会主义进入新时代，人们的基本物质需要已经得到比较好的满足，人们对精神文化的需要日益迫切，因而精神激励的作用更加突出。因此，高校思想政治教育既要重视物质激励的作用，更要突出精神激励的作用。

五、强化成长意识，加强培养培训，提高队伍综合素质

高校思想政治教育队伍是培养人和塑造人的主体力量，其素质状况直接决定着思想政治教育的效果。学生出现某些问题，有多种原因，有社会原因、家庭原因，也与教师不善于教学生、带学生有关。如果教育者本人的品德、才能不如大学生，或者不足以成为他们的表率，那其教育效果就可想而知了。思想政治教育工作者需要成长，其素质与能力的提升单靠自我学习、自我修养显然不够，需要更多的关心与爱护。习近平总书记特别强调用组织的力量促进思想政治教育队伍的成长。因此，为了尽快提高思想政治教育队伍素质、促进他们尽快成长成熟，高校除了要做好选配工作外，还必须抓好对思想政治教育队伍的培养培训工作。

加强对高校思想政治教育队伍的培养培训，既是时代发展的需要，也

是由思想政治教育队伍自身状况决定的。

首先,随着时代的发展和社会的进步,对思想政治教育工作者的素质要求也越来越高。一是经过40多年的改革开放,中国特色社会主义进入新时代,思想政治教育无论面对的对象、所处的环境还是所承担的任务都发生了深刻变化,现实生活中出现了许多新情况、新问题,一些问题又比较复杂,单靠思想政治教育工作者个人的力量,难以把握住问题的关键和实质,难以妥善地把问题回答好、处理好,这在客观上要求加强对思想政治教育工作者的教育培训,通过培训,用权威的声音解答思想政治工作中普遍性的困惑,让思想政治教育工作者在培训中增进学习和交流,在学习和交流中探索新的思路和方法。二是在信息化飞速发展的互联网时代,互联网已经成为社会生活的一部分,广大的高校大学生更是与互联网接触密切,从聊天工具到网页微博,从各种论坛到个人博客,网络已经成为大学生学习、生活中不可或缺的一部分。网络的迅速发展为高校思想政治教育工作提供了新的方式和契机,也提供了广阔和丰富的教育资源。互联网已经成为思想政治工作的一个新的重要阵地。思想政治教育必须占领这个阵地,利用网络对大学生进行教育和引导,这就要求高校思想政治教育队伍必须掌握网络技术,要学会利用网络开展思想政治教育。

其次,高校思想政治教育队伍总体素质与新时代思想政治教育面临的形势和承担的任务还不相适应。高校思想政治教育队伍的大多数从业人员忠诚于党的教育事业,工作兢兢业业。但是我们也必须看到,这支队伍也存在着一些问题。突出表现为理论水平偏低、科学文化知识不高、工作作风不够扎实、工作本领不够过硬、工作方法不适当、现代信息技术技能较弱。高校要做好思想政治教育队伍的培养培训工作,主要从以下几个方面着手。

高校职能部门要做好培训规划,提供政策保障和资金支持。

遵循培训规律,规范培训内容。就培训内容来讲,一是党的基本理论和创新理论成果。当前的理论学习中,要加强中国特色社会主义理论体系,特别是习近平新时代中国特色社会主义思想的学习。二是各项专业知识,即业务知识的教育,同时加强心理学、教育学、伦理学、社会学、管理学等专业知识的培训。三是各类相关知识的教育培训,主要是培训中外历史、语言学、逻辑学、文学艺术、现代科学技术知识和现代信息技术。结合当前社会实际,尤其要加强社会主义市场经济知识和现代信息技术的教育培训,使思想政治工作者清醒而正确地分析经济形势和创新思想政治教育手段方法,增强思想政治工作的效果。在注重培训内容全面性的基础上,还要坚持循序渐进、突出重点、学贵专精、因材施教等原则,区分不同类型和层次，制订培训计划。做到干什么学什么、缺什么补什么，在相关专业上实现"理论上通、知识上懂、技能上精"的目标。

增强培训的针对性，切实提高培训质量。如果培训形式单一，内容单调，针对性不强，年年培训年年老一套，那么培训人员素质就不可能明显提高，培训就失去了应有的作用。因此，各级培训要把培训内容作为重点来抓，培训前应先搞好调查摸底，什么薄弱就重点培训什么，哪里存在问题就从哪里入手，避免眉毛胡子一把抓，使培训有的放矢，增强培训的针对性。

创新培训方式方法。要通过多样化的培训方式和培训方法增强培训吸引力，增强培训效果。有条件的可以组织培训人员外出参观学习，参加社会调查，增加培训人员的切身体会。

完善培训考核的方式，最大限度地发挥培训的功能。

为了从整体上提高高校思想政治教育队伍的素质，除了加强对思想政治教育工作者的培养培训，思想政治教育工作者个人自学和实践锻炼也是切实可行的重要途径。

引导和提倡思想政治教育工作者自学，以思想政治教育工作者素质的提高促进高校思想政治教育队伍整体素质的提高。教育者必先自己受教育，思想政治教育工作者应自觉提升理论素养。为此，思想政治教育工作者应当保持处处学习、时时学习和终身学习的心态，尽一切可能充实提高自我水平。由于思想政治教育工作者个体素质参差不齐，不同岗位的工作要求也不尽相同，要提倡根据自身的素质结构和工作的具体要求，有针对性地进行自学，就能较快地收到成效。特别是对于专业基础知识薄弱的人，更应抓紧时间学习，同时在工作实践中积累新知识，总结新经验，增长新本领。由于自学的制约条件较少，思想政治教育工作者既可以在工作中学习，也可以在闲余时间学习。因此，通过自学来提高思想政治教育工作者各方面的素质和能力，是加强高校思想政治教育队伍建设的一个行之有效的办法。

要引导和督促思想政治教育工作者积极实践，在实践中锻炼自己、总结经验、增长本领。"实践出真知"，理论从实践中来，科学的理论知识又反过来指导实践。理论和实践从来都应该紧密结合，不可分割。思想政治教育工作者学习专业知识、提高理论水平，这自然很重要，但将这些知识理论运用于实践，并在实践中探索新知识、总结新经验、增强本领更为重要。加强思想政治教育工作者对理论知识的学习，其直接目的就是更好地工作实践。当前高校思想政治教育面临许多新情况、新问题，许多问题的解决无经验可循，这就更需要思想政治教育工作者积极大胆地投身实践,在实践中汲取新知识、总结新经验、提高工作能力。很多高校思想政治教育工作者都是通过"从家门到校门,从中学门到大学门"的途径成长起来的,基本上没有参加过社会实际工作,缺乏社会阅历和社会实践经验,缺乏对国情的了解,认识问题、思考问题、处理问题与大学生处于同一水平上,对各种西方思潮缺乏应有的辨别能力和剖析能力。由于缺乏社会实践的磨炼和严格的政治训练,有的不具备以身作则、严于律己、为人师表、爱岗敬业的优良作风,不能积极地引导和教育学生。因此,高校思想政治教育工作者要敢于实践、勇于实践、善于实践,从实践中总结经验、获取知识,提高自己的工作能力和工作效率。

总之,有计划、有组织、有步骤地开展思想政治教育队伍不间断的各种形式的培养培训,对于不断提高思想政治教育队伍的整体素质,落实党中央提出的"加强和改进大学生思想政治工作",促进高校思想政治工作走向科学化和队伍建设走向专业化,具有重大意义。

六、强化创新意识,创新方式方法,提升队伍工作能力

创新是思想政治教育的活力所在。随着中国特色社会主义进入新时代,思想政治教育的内容、目的和任务都相应发生了变化,对思想政治教育提出了新的更高要求。如果我们仍然运用过去那种比较单调的工作方法,不能掌握和运用适应新形势的工作方法,势必会形成思想政治教育与教育对象相脱离的被动局面,不能达到思想政治教育的预期效果。因此,做好新时代的思想政治教育工作,关键是与时俱进,坚持改革创新,不断探索新思路、新方法,实现自身的不断创新。

注重引导式教育。互联网是新形势下铸魂育人的重要阵地,占领它就意味着抢占了思想政治教育新高地。要充分发挥校园网的管理优势、力量优势和话语权优势,依托制度机制、宣教策略和技术手段,构筑生动活泼、富有传播力的舆论场。要创设充满正能量的网络空间环境,在正面引导中使大学生做出正确的价值选择。要着力强化互联网信息的权威性和可信度,坚持丰富经典原著、创新理论等教育资源,构建思想政治教育资料库,抢占网络思想教育信息传播的先机和制高点。

实行融合式教育。运用网络工作机制的多变性和网络信息形式多样性特征,以多种方法手段,将不同形式、不同内容的信息进行有序衔接传播,将教育由平面引向立体,由静态引向动态。研发大学生思想调查分析系统,开展网上问卷调查、大数据分析,全面快捷地了解、掌握大学生思想状况,提升思想政治教育的针对性和实效性。

深化互动式教育。与时俱进发展互动平台，紧跟互联网发展潮流，依托校园网开设形式活泼的交互平台，建好论坛、留言板等载体，引导大学生随时随地、不拘形式地发表个人体会感悟，相互交流、相互影响、相互启发，共同进步。精心设置互动话题，从大学生的身边事、困难和疑惑入手，把思想政治教育的目标和大学生的实际需要统一起来，把大学生的现实关切和校园生活融合起来，充分调动大学生参与的积极性。开设心理健康指导网站，普及心理健康常识，为大学生提供在线交流、倾诉心声的渠道，安排心理专家开展网上咨询服务，搞好心理疏导，提供心理辅助，及时解决大学生的心理问题。

必须强调的是，创新思想政治教育的方式方法，并不是要否定所有的传统方法。守正创新，坚持好办法、改进老办法、探索新办法，才是正确的态度。在长期的思想政治工作实践中，中国共产党通过不断探索和总结，形成了许多行之有效的思想政治工作方式方法。这些好的方式方法是我们的宝贵财富，是必须继承和发扬的，是新时代思想政治教育方式方法创新的基础和前提。

第三节　辅导员队伍建设研究的思考与展望

一、注重对比视角的运用

构建共同推进思想政治工作的大格局是新时代加强和改进思想政治工作的鲜明特色，是新时代思想政治工作的目标与方向，也是思想政治工作从状态"实然"向效益"应然"发展、真正实现思想政治工作理想与现实相统一的必然之举与逻辑进路。基于思想政治工作大格局的构建视角，高校思想政治教育协同育人为高校辅导员队伍建设指明新方向。高校思想政治工作大格局的构建需要把握以党建工作为引领的思想主线、以思想政治教育学科为主导的理论主线、以意识和能力提升为主体的行动主线三条主线，处理好顶层设计与基层建设、统一思想与精准建设、科学分工与协同建设等关系。

辅导员是高校构建思想政治工作大格局的重要力量。因此，新时代高校辅导员队伍建设研究应在全面客观厘清高校思想政治工作各主体间宏观格局意识、系统整体观念和协同的全要素理念的基础上，注重与党政干部队伍、共青团干部队伍、高校思想政治理论课教师队伍、心理咨询教师队伍、其他专业教师队伍等相关群体的对比，通过群体调研、个案访谈等方法，分析高校辅导员与其他群体在教育工作管理、日常生活、个体感受等方面的异同，从而对当下高校辅导员群体在高校内存在感、认同感缺失等现状进行更加精准深入的机理阐述，为实现高校思想政治工作群体协同、资源整合提供学理与实践参考。

二、加强群体内驱力的研究

主体性意识可以由他者激活，主体性意识可以由外部加强，但主体性力量需要从内部释放。内驱力是高校辅导员作为思想政治教育者主体性意识觉醒和功能释放的可持续能力。加强辅导员群体内驱力研究是新时代深化高校思想政治教育的内在路径。长期以来，高校辅导员群体工作事务繁杂，容易忽略"立德树人"根本任务的现状，导致其思想教育与价值引领的首要职责让位于日常事务管理工作，偏离其专业化、职业化发展的既定轨道，在一定程度上影响了高校辅导员队伍专业性、稳定性和持续性。加强高校辅导员群体内驱力研究，一方面，要求学者以辅导员职业发展需求、实践创新需求和理论深化需求为导向，进一步梳理明确高校辅导员的主要职责和核心业务，厘清辅导员和其他教学行政人员的工作边界，扫除制约辅导员内驱力生成的相关外部因素障碍。另一方面，将研究视角聚焦于个体，运用扎根理论等质性研究范式和问卷统计等量化研究范式探究其职业发展内驱力，通过聚焦学生成长成才全要素，不断创新教育方式、拓展教育载体，着力提升辅导员开展思想政治教育的亲和力和针对性，并将研究成果反哺于辅导员专业化发展向度，以期实现服务学生与自我成长需求接轨。

三、聚焦学培机制体系的完善

从"质量提升工程"、"三全育人"综合改革到构建高校思政体系，高校思想政治工作机制体制不断深化发展。高校辅导员队伍建设是一项长期性、综合性、系统性工程，提升高校辅导员群体的专业化、职业化能力已成为学界普遍共识。完善其学培机制体系是促进高校辅导员专业化、职业化发展的重要保障，理应成为学界对辅导员队伍建设研究开展的重点之一。一方面，以国家、省级和高校为核心的三级高校辅导员培训体系已成建制。其中教育部依托国家级培训和研究基地负责开展国家级示范培训，省级教育主管部门依托省级培训和研修基地承担高校辅导员的岗前培训、日常培训和骨干培训,高校负责对学校全体辅导员开展系统培训。根据《普通高等学校辅导员队伍建设规定》,高校专职辅导员每年应参加不少于16个学时的校级培训,每5年参加1次国家级或省级培训。然而,在具体实施过程中,三级高校辅导员培训体系仍存在短时点状、未连线成面的现实困境。部分培训贯彻执行不到位,流于形式主义;部分培训内容涉猎广泛,但针对性不强;部分培训割裂理论与实践的内在联系,难以从根本上改变高校辅导员研究的学科理论薄弱的问题。基于此,学界应深入对高校辅导员学习培训现状及效果的实证性研究,探索构建与当下社会经济发展相适应、与思想政治工作相协调统一、与辅导员专业化发展相契合的学习培训的模式和机制研究。另一方面,高校辅导员培训还存在供给与需求之间的矛盾,具体表现为培训专家学识渊博、讲座主题聚焦前沿、讲座内容富有学理,但与辅导员群体普遍需求存在偏差,对辅导员群体的引领功能存疑,培训难以达到理想效果。基于此,学界应从理论与实践两个角度出发,通过培训目标、培训形式、培训项目、培训内容的优化提升,着力探索构建基于辅导员需求感、获得感、效能感的学培体系和研究机制,助力高校辅导员队伍专业化发展和立德树人根本任务的有效落实。

四、引导国际视野的拓宽

在"我国日益走近世界舞台中央"的时代背景下,国际化是当前高校思想政治工作的时代特征之一。高校辅导员队伍作为培养具有国际竞争力青年人才的重要力量,既要通过形势政策教育、日常思想政治教育、意识形态教育等方式引导青年学子辨别纷繁复杂的国际形势,正确认识新时代中国发展所面临的外部环境;又要鼓励青年学子总结和借鉴一切有益的国际先进技术和经验。新时代要求高校辅导员研究拓宽国际视野。一方面,高校辅导员相关研究理应把握吸收全球高等教育在德育中的先进理念,借鉴全球高校学生事务管理人员的先进培养模式,参考全球高校学生事务工作完备体系,为我国高校辅导员队伍形成一套理念先进、目标清晰、分工细致、协同合作、运转高效的实践模式提供参照。另一方面,国外的高校辅导员制度虽然无法与国内完全对应,但仍存在较多相通、相似之处。当前的相关研究主要集中在中美比较方面,对其他国家或地区的比较研究相对匮乏。因此,高校辅导员相关研究要重点把握我国高校辅导员与国外高校学生事务管理人员在工作职责、评价标准、政策制定、培养体制、考核机制等制度上的异同,在多维度审视的基础上分析我国高校辅导员队伍建设存在的局限性,为进一步完善高校辅导员职业能力标准、形成具有本土特色的辅导员队伍专业化发展理论体系提供遵循。

五、优化逻辑思路的提升

习近平总书记指出,要从党的辉煌成就、艰辛历程、历史经验、优良传统中深刻领悟中国共产党为什么能、马克思主义为什么行、中国特色社会主义为什么好等道理,弄清楚其中的历史逻辑、理论逻辑、实践逻辑。从历史逻辑、理论逻辑、实践逻辑出发,探究深层次原因的思路,为高校辅导员队伍建设研究提供启示。当前我国高校辅导员队伍建设的理论建构还相对薄弱,从根本上把握高校辅导员队伍建设的发展趋势还未显现。因此,新时代开展高校辅导员相关学理性研究,需要优化逻辑思路的提升,转变单一线性的经验总结式思路,完善并加强高校辅导员相关研究的历史逻辑、理论逻辑和实践逻辑。一是从高校辅导员制度发展史、思想政治教育发展史、高等教育发展史、马克思主义中国化史、青年发展史等历史逻辑中把握历史规律,在坚持尊重客观规律与发挥主观能动性的有机统一中明晰高校辅导员队伍建设的基本内涵和发展指向。二是从马克思列宁主义、毛泽东思想、邓小平理论、中国特色社会主义理论体系、习近平新时代中国特色社会主义理论中汲取智慧,将其转化为优化高校辅导员队伍建设的效能,为高校辅导员相关研究的可持续发展提供重要学理支撑。三是从学习研究、工作实践、人才培养、事业发展等实践逻辑中把握能力提升路径,在辅导员个体发展与队伍发展的协同中思考提升其专业化发展的逻辑思路,增强其人才培养能力。

第六章

高校思想政治教育机制建设

　　"机制"这一概念原指有机体通过各个部分的构造,各要素之间相互作用、互相联系制约的形式,使各要素之间能够有序配合,从而实现整体功能的运行方式和运动原理。高校思想政治教育机制是指基于高校思想政治教育系统内部各方面因素之间相互作用、相互制约、相互联系的联结方式而构建起来的工作体制。高校思想政治教育机制是一个较为复杂、目前研究较为肤浅和混乱的问题。因此,研究和正确制定高校思想政治教育的机制,是我们系统研究高校思想政治教育的重要问题,尤其是研究如何提高高校思想政治教育的效能问题,是当前解决新时代下我国高校思想政治教育问题的必要机制。

第一节　高校思想政治教育的管理机制

高校思想政治教育是一个系统而复杂的工程,离不开科学有效的管理机制。进行高校思想政治教育管理机制的优化,对于调节高校思想政治教育的各种问题,促进高校思想政治教育目标的实现十分有利。因此,建设全面、系统、科学的高校思想政治管理机制是非常重要的。

一、高校思想政治教育管理机制的内涵、特征及任务

（一）高校思想政治教育管理机制的内涵阐释

何为"机制"?《辞海》的解释是,机制原指机器的构造和动作原理。机制一词已由最初描述自然科学领域的问题,发展引申为事物的运行原理及功能。现在机制一词已广泛运用于政治、经济、文化、教育等社会领域。

所谓"管理",字面意思指的是管辖和智力,其实质含义是指为了取得预期的效果、达成一定的目标,根据管理工作的性质及规律,有效整合各种资源和实施各种管理职能,进而动态追求效率的过程。

高校思想政治教育管理工作是根据高校思想政治的要求,通过计划、组织、控制等,有效利用各种资源,以达到高校思想政治工作预期目标的活动过程。其致力于大学生的思想工作,受认知、情感、意识、精神等多种因素的影响,同时也受社会生产力水平、生产关系性质等的制约。因此,高校思想政治教育工作属于社会机制,表现出社会中人与人之间的联结关系。

高校思想政治教育管理机制则是指高校思想政治教育管理者在一定的目标指引下,在遵循思想政治教育客观规律的前提下,协调利用各种管理资源,实现思想政治教育整体目标和整体功能的过程。

（二）高校思想政治教育管理机制的显著特征

高校思想政治教育管理机制呈现出显著的特征，具体体现在以下几个方面。

1. 高校思想政治教育管理机制的目标性

目标性是信息化时代高校思想政治教育管理机制的主要特点之一，它是指高校思想政治教育管理机制既规定了自身的运行方向和操作指向，也确定了管理活动要达到的结果，是思想政治教育目标的具体化体现。高校思想政治教育管理机制的目标包含两个方面，一是直接目标，二是最终目标。

直接目标要求高校思想政治教育管理机制实现科学化，这集中体现为规范化管理、制度化管理和民主化管理的有机统一。

最终目标要求发挥高校思想政治教育管理机制的社会效用，也就是要求高校思想政治教育管理机制在社会主义制度下能够帮助大学生认清自己在整个社会和教育系统中的主体地位，并调动学生的主体意识，激发学生的潜能，促使学生全面、自由的发展，同时还要保证高校思想文化建设与中国经济建设、民主建设协调发展，进而促使中国特色社会主义事业全面发展。

2. 高校思想政治教育管理机制功能的整合性

一个系统的好坏，最终会体现在其整体能够发挥的程度上。思想政治教育管理机制是一个非常复杂的系统工程，由多种要素共同组成。尽管系统中各个要素都发挥着各自不同的作用和功能，但在系统运行中则要求它们必须相互协调、共同作用，以适应思想政治教育管理机制整体功能的要求。因此，功能的整合性也是高校思想政治教育机制的重要特点，它要求高校思想政治教育机制明确各构成要素的性质以及各要素之间的辩证关系，并对它们进行综合有效的协调，进而使它们始终处于最佳的运行状态，最终实现教育目标。

3. 高校思想政治教育管理机制的复杂性

大学生思想政治教育管理机制还体现出明显的复杂性。其形成原因有：首先，高校思想政治教育管理工作的对象是大学生，而大学生思想的多元化和复杂性决定了高校思想政治管理机制的复杂性。其次，人思想观念的形成、思想认知的转变都要经历长期而复杂的过程，而且人在克服旧思想、形成新思想时都是在多次反复中进行的，这些都增加了高校思想政治教育管理机制的复杂性和难度。所有的这些都决定了我国意识形态领域斗争的长期性和复杂性，也决定了高校思想政治教育管理机制的复杂性。

高校思想政治教育管理机制的复杂性具体体现在三个方面：第一，构成高校思想政治教育管理机制的每个要素都是一个复杂的系统，如管理主体、管理方式和管理机制运行的程序、环境、动力等。第二，构成高校思想政治教育管理机制的要素是不断变化的，如工作内容、管理机制的调整等，固定不变的要素无法适应现代高校思想政治教育机制运行的需要。第三，高校思想政治教育管理工作没有固定的模式，体现出一定的不确定性。

4.高校思想政治教育管理机制实践的能动性

实践的能动性也是高校思想政治教育管理机制的一个显著特点。思想政治教育学是引导人们形成正确思想行为的科学，其本身是一个动态的实践过程，具有明显的实践特性，是为实践服务的。所以，高校思想政治教育管理机制也具有实践的能动性，只有在实践过程中，其实效性才能得到彻底的体现。而且，高校思想政治教育管理机制的能动性也充分体现在思想政治教育管理实践中所具有的自我分析、自我调整、自我创新的主动性和积极性。

（三）高校思想政治教育的管理任务

思想政治教育管理主要是围绕思想政治教育目标，以实效性为核心展开一系列的管理工作。思想政治教育的管理任务千头万绪，但是最关键的是抓好主要的任务。抓住这些主要的任务，其他的管理任务也就迎刃而解了。

1.端正管理的思想，坚持正确的政治方向

高校思想政治教育的管理首要的就是要坚持正确的政治方向。没有坚定正确的政治方向,就等于失去了灵魂。思想政治教育的管理工作必须坚定不移地坚持党的四项基本原则,坚持讲政治。思想政治教育的管理者必须具有敏锐的政治洞察力、科学的政治预见性、正确的政治判断力,才能产生威信,取得群众的信任。管理者必须自身正,才能正人。管理干部必须自身在政治上过硬,才能在管理中体现先进性,才能在政治上保证不走错方向。思想政治教育的管理者不仅要自身正,而且要善于带动一般,共同坚持坚定正确的政治方向。政治方向的正确性,是保证思想政治教育达到预期目的的首要条件。

2. 协调各方面关系

思想政治教育的管理者为了完成管理任务,必须与方方面面的人物和机关打交道,必须把方方面面的关系理顺,必须动员方方面面的积极性,就是要把方方面面的关系协调好。这些关系比较突出的有:思想政治工作与业务工作的关系,工作的全局与局部的关系,思想政治教育的管理与一般行政管理的关系,上级指示与基层实际的关系,等等。成功的管理者就应该使各种工作关系达到上下通达、左右理解、进展顺利、积累潜力。

3. 控制思想政治教育的过程

思想政治教育管理的主要的直接管理任务就是控制思想政治教育的全过程。这不仅包括对于调研决策、制定目标、实施教育、总结反馈各个过程的控制,也包括对整个思想政治教育全过程的宏观控制。开展思想政治教育的过程就是及时掌握过程中的进展情况和出现的有关问题,及时采取措施消除障碍,保证过程的有效进行。

4. 组织全员教育的格局

一个单位的最佳的思想政治教育的状态就是不仅能够充分动员思想政治教育的基本队伍发挥作用,还能够动员各个岗位上的工作人员都开发自己岗位上的德育功能,形成本单位全员发挥思想政治教育功能的局面。高校主管领导有许多人意识到了形成"全员教育"格局的重要意义。但是真正调动方方面面的积极性,形成现实的思想政治教育的优势,还要靠有效的管理。这也是思想政治教育综合治理的主要任务。

二、高校思想政治教育管理机制的重要作用

高校思想政治教育机制在提高大学生思想政治素质、协调管理工作中各方关系等方面有着重要的作用。

（一）有利于提高大学生的思想政治素质

现代化社会主义建设对大学生的思想政治素质提出新的要求，要求大学生能够适应新的社会发展形势，做到与时俱进、勇于创新、维护公共利益、弘扬民族精神、推动精神文明的有效发展。而高校思想政治教育管理机制就为提高学生的思想政治教育素养提供了基本保障，在这一管理机制下，高校思想政治工作的重心在于提升全民族整体素质上，并用社会主义先进文化来指导实践，使师生之间形成良好的互动关系，从而进一步引导学生积极学习法律知识，积极开展德育工作，指导学生以法律和社会主义道德来规范自己的行为，完善高校思想政治教育体系。同时，将公民道德规范、爱国主义教育等融入教学，在教学中开展讲文明树新风活动，促使学生养成助人为乐、遵纪守法、主动维护国家利益等良好习惯和作风。[①]

（二）有利于协调管理工作中各方关系

高校思想政治教育管理机制是一个系统化的整体，不仅需要硬件的支持，也需要相关团队的密切配合。高校思想政治教育管理机制在合理运用物质资源的基础上，将高尚的社会主义思想道德情操与良好的行为习惯有机结合，在对各方关系进行协调的过程中确立了学校与社会生产力发展相适应的道德观念以及道德规范，使得教育工作者在人员、制度等方面得到了全方位发展。

随着信息技术的飞速发展，互联网在高校中的使用得到了普及。网络实现了教师与学生、上级与下级、同事与同事之间的有效沟通。在网络教学环境中，高校思想政治教育管理机制不仅可以在系统内部对学校人员及教育资源起到良好的协调作用，还能在系统外部使学校与社会各界保持密切联系，加强行业之间的合作，实现信息资源共享，加强院校之间

---

① 陈月兰.核心价值观引领大学生思想政治教育研究[M].北京：中国商务出版社，2018.

的座谈交流提高教师综合素养,并且积极与企事业单位合作向学生提供社会实践机会。在高校思想政治教育管理机制下,网络的虚拟环境可以与现实环境有机结合,进而可以减少人员之间以及人员与资源之间的矛盾,促使高校思想政治教育工作有序进行和发展。

三、高校思想政治教育管理机制的建设与优化

高校思想政治教育管理机制的建设与优化可从加强组织领导机制建设、注重互动机制建设以及强化激励机制建设几个方面入手。

(一)加强组织领导机制建设

一般来说,高校思想政治教育的组织领导机制不仅应考虑组织机构的设置和各级教育行政机构的职权划分及其相互之间的隶属关系,还应建立起合理的管理制度与管理结构,这样才能对各种相关要素进行优化整合,促进工作的顺利开展。具体来说,包括以下几个部分。

1. 发挥现有组织领导机制的优势

随着改革开放的不断推进,我国高校思想政治教育持续向前发展,逐步形成了具有中国特色的高校思想政治教育体制。从宏观上来看,我国高校思想政治教育体制由以下两个部分组成:

一是以党委为核心的领导体制。即高校思想政治教育的重要问题、基本任务、工作方针、指导思想等都由各高校党委来负责。此外,各高校党委还应对学生的思想政治教育状况以及思想政治教育的新动向进行定期分析,并制订具体的实施计划与总体规划。

二是与领导体制相适应的党政合一的管理体制。各级党委的职能部门是管理机构的主要参与者,具体的组织实施部门包括团委、学生处、教务处、思想政治理论课教学部、学生工作部、党委宣传部等,队伍管理部门包括人事处、学生工作部和党委组织部。共青团干部、学校党政干部、班主任、辅导员以及思想政治理论课教师是工作队伍的主要组成人员,他们的具体分工有所不同:从生活、学习、思想等方面对学生进行指导的职责由班主任承担;以党委的部署为依据来进行有针对性的管理与日常教育的职责由辅导员承担;对学生进行人文素质教育、思想品德教育和思想理论教育的职责由思想政治理论课教师承担;教育的实施、协调、组织职

责由共青团干部和学校党政干部来承担。此外,各高校都对高校思想政治教育的方式、途径、主要任务、原则、目标、指导思想等进行了明确、严格的规定。

总体来说,现阶段形成的体制具有十分积极的意义,不仅调动了行政部门和党委的主动性,还有效地提升了高校思想政治教育的实际效果。不可否认的是,由于世界形势处于不断的变化之中,高校思想政治教育是一个系统、复杂的工程,不可避免会出现一些不足,如队伍建设受到僵化的管理体制的制约、工作进度受到内部分工的影响、"全员育人"受到了分工体制的阻碍、宏观领导体制有待改革等。在这样的情况下,要想使高校思想政治教育继续顺利地推进下去,就应对管理体制与领导体制进行进一步的优化。从管理体制方面来看,对执行体制与决策体制进行创新是当务之急。从领导体制方面来看,首先应从省、自治区、直辖市层级提高对高校思想政治教育的重视程度,设立专门机构、抽调专门人员,将其向中央部委进行信息反馈、任务落实的功能充分发挥出来,有效在高校与中央之间进行上传下达,并对高校进行及时、适当的督查与指导。从各高校内部来看,应继续保持党委领导下的校长负责制,由教育部来对校长的责任范围予以明确。

2. 构建高校思想政治教育三维决策系统

高校思想政治教育工作能否顺利推进往往受到很多因素的影响,其中决策是否科学就是一项不容忽视的影响因素。如果决策欠科学,则教育效果会大打折扣;如果决策科学合理,则教育效果会事半功倍。

一般来说,决策是否科学主要取决于三个方面的要素,即视野是否开阔、指导理论是否科学以及是否抓住主要矛盾。因此,在对这些因素进行综合考虑的基础上,应构建高校思想政治教育的三维决策系统。

决策咨询系统。决策咨询系统是第一个维度,其成员来自以下三个方面:

第一,毕业生代表和用人单位代表。毕业生代表是以往高校思想政治教育的体验者,用人单位代表则是高校学生培养质量的检验者,他们的意见可为决策提供重要参考。

第二,基层思想政治工作者和相关领域的校内外专家。不论是校内的基层思想政治工作者还是在高校思想政治教育领域具有多年经验的校内外学者与专家,他们都对大学生价值观念形成与发展的基本规律以及高校思想政治教育有较深刻的认识,因此他们的观点与看法往往来自实践,具有更强的针对性。

第三,在校学生代表。作为教育对象和服务对象,在校学生代表是高校思想政治教育的直接对象与直接利益相关者,他们对相关问题有自己的切身体会,他们的感受是进行工作反馈的重要依据。

决策信息系统。决策信息系统由多个要素组成,如信息工作制度、信息传输手段、信息工作机构、信息工作队伍、信息源等。决策信息系统的作用在于为高校思想政治教育提供信息的传递、存储、加工、收集等相关服务,能够在教育对象、教育执行者与决策者之间进行有效的沟通。具体来说,担任信息传输任务的人员主要包括班级信息员、院系信息员、学校学生工作部门信息员以及学校党委信息调研秘书等。为有效提高对信息的加工利用能力,高校应对信息系统进行持续的改进与调整,从而为高校思想政治教育的科学决策提供有力保障。

决策中枢系统。决策中枢系统承担着决策、指挥与领导的职责,是拥有决策权的领导所组成的领导核心。正是在决策中枢系统的领导下,决策咨询系统与决策信息系统的工作才得以顺利开展并服务于决策中枢系统,可见三个系统之间是相互配合的。

决策中枢系统是高校党委的代表,应对高校的德育工作状况与学生思想状况展开定期分析,对相关的政策、任务、方针、思想等展开相关研究,并在对信息进行汇总的基础上制订总体规划。需要特别说明的是,决策中枢系统应实行集体决策制,而决策实施的后果也应由集体来承担。

3.促进组织领导机制的创新

科学的决策离不开良好的组织领导体制,否则将难以取得理想的效果。近年来,高校的教学管理模式不断创新与变革,特别是学分制的推广使学生与某个班级、院系之间的隶属关系不再那么明显。在这样的情况下,高校思想政治教育的组织领导机制也必须进行相应的调整与变革,具体可从以下几个方面入手:

为进行资源的有效共享与整合,可在各高校之间建立起若干院系间的横向联合,使学生事务能够实现有效的沟通。高校职能部门可对各院系中的分散资源进行重组,对结构进行优化,从而实现资源的优化配置。特别是工作内容较为庞杂,需要多个院系参与时,这种体制可对学生的需求做出快速反应,实现各种资源、人员之间的有机配合,将工作效率提高至一个新的水准。

一些高校的学生人数较少,为提升管理效果,可将管理层次予以减少,将管理范围予以拓展,对中间管理层进行弱化,即采取扁平化运作模式。具体来说,可依据职能的具体分工来成立学生活动中心、学生服务中心、就业指导中心、生活指导中心、心理咨询中心、思想指导中心等,为学生的生活、思想与学习提供直接的建议、指导与服务,使学生的就业问题、生活问题、心理问题、思想问题等得到及时有效的处理与解决。相关组织机构不再出现在院系一级,这就使现行的三级管理体制简化为二级管理体制。

高校可尝试建立起功能专一的新机构,这一机构由与学生教育管理相关的原有部门、科室重组而来。高校可以建立负责社会实践与校园文化的学生活动中心、负责医疗保险与健康预防的健康服务中心、负责咨询服务与心理教育的心理咨询中心、负责人生规划与职业指导的就业指导中心、负责日常行为与宿舍生活的生活与行为指导中心、负责学术咨询与学风建设的学习辅导中心、负责学籍管理与招生的招生注册中心等。此外,高校还可根据具体需要来建立思想政治教育中心、勤工助学与经济资助中心等。院系层级既可单独设立中心,也可将若干中心合并在一起,与学校各中心的职能进行对接。这样的体制有利于在学生事务管理中实施互不重叠、互不交叉的职责单一的管理模式,能够使上下一条线,实现左右协调、主从分明的管理效果,使机制的整体效能充分发挥出来。

（二）注重互动机制建设

在传统的教育理念中,教师往往是教学活动的主体,占据着教学的中心地位,而学生是教育活动的客体,处于被动学习的地位。在高校思想政治教育中,这种现象依然存在。

而这种教学理念与当代高校思想政治教育所提倡的以人为本、以学生为本的教育理念刚好相悖,这种将学生作为被灌输对象的理念无益于思想政治教育实效性的实现。在新的教育形势下,仅依靠教师的主观教学是不够的,还要提高教学效率,借鉴双向主体理论与互动式教育模式。互动式教育模式不仅注重教师的引导作用,同时关注学生的主体性,提倡充分发挥学生的主观能动性,营造活跃的课堂氛围,在教学中实行互动机制。

第一,实行互动机制要充分发挥教师的主导作用和学生的主体作用。在高校思想政治教育中,教师是教育信息的编码者、发送者,在互动机制中具有主导作用,是互动机制的源泉。学生是教育信息的解码者、接受者,也是教育效果的最终体现者,在互动机制中具有主体地位,是互动机制的核心和基础。只有同时发挥教师的主导作用和学生的主体作用,高校思想政治教育才能有效、健康地开展。

第二,实行互动机制要建立良好的学习环境,使学生在愉悦、轻松、和谐的环境中接受思想政治教育。要坚持以人为本的理念,使学生和教育处于平等地位,在平等和谐的氛围中实现教育。在整个教学过程中,教师和学生都要积极主动,教师要积极了解学生,从而引导和启发学生,学生也要积极从教师那里汲取知识。

第三,在互动机制中,教师与学生要相互尊重,实现欣赏式的教育。在教学过程中,教师与学生在政治上、法律上、人格上都是平等的,要做到互尊互重。

第四,在互动机制中,教师与学生之间常会达成一些共识,将这些共识运用于实践,可使学生在实践中体现这些共识,实现体验式教育。

第五,在互动式教育中,互动并不是单向的,而是多向的。多向互动包括教育者之间、教育者与学生之间的关系,也包括教育者、学生与教育环境三者的关系,还包括教育内容、教育手段以及教育方法之间的多向互动关系。在所有的构成因素中,学生始终是最重要的因素,要将学生放在首要位置,重视学生的主体作用。要深入了解和挖掘学生、有效调动学生的主观能动性,使学生真正实现自我约束和自我教育。同时,要探究教育者与学生互动的结合点,以使师生互动更加有效。

(三)强化激励机制建设

激励是管理学中的一个重要概念,是指激发人的动机,使人形成一股强大的精神动力和内在能量,鼓励人朝着所期望目标实施行动的心理过程。

1.激励机制的重要作用

激励机制可以从内容上对组织或个人发挥作用,所以加强激励机制可更好地促进大学生思想政治教育管理工作的开展。

激励机制能够挖掘学生的潜力,激发学生的创造性。具有内在需求,人才会产生行为动机。实际上,人们都是在"需求—动机激励—行为"这一个行为过程中周而复始运行的。

激励有自我激励和外因激励两种。当人们的内心渴望得到某方面的满足时,人们就会实施行动来获得这种满足,同时会激发自身的各种潜能来克服在实现过程中的各种困难。因此,高校思想政治教育工作者要了解和把握学生内心的需求,并通过一定的方式将思想政治教育的手段、措施与学生的需求相结合,进而使高校思想政治教育管理机制取得最佳的效果。

激励机制有利于激发学生的学习动力,促使学生形成良好的学风。作为一种教育机制,激励时刻提醒着学生要正视自己的需求,并为此不断付出努力,从而鞭策学生不断学习和提高。

激励机制能够强化高校思想政治教育管理的效果。激励是理论教育发展的养分,如果没有激励机制,那么理论教育只能停留在意识的层面,无法有效转化为实际行动和最终结果。高校思想政治教育既要从正面肯定学生行为的正确性,同时也应根据相应的管理机制对学生行为中表现出的积极因素给予精神上和物质上的奖励,从而使学生的思想政治理论向实践成果转化。

2. 激励机制的实施原则

差别原则。这一原则指的是在实施激励机制时要考虑到学生的个体差异,如性别差异、年龄差异、文化差异等对个体行为和激励措施满意度的影响。有些客观因素是与生俱来的,个人无法改变,因此就需要采取一定的激励措施,以使激励机制顺畅地进行。本质上而言,这里的差别体现的是一种社会公平,更是一种对人性的尊重,因此在实施激励机制时应正视学生的个体差异,并采取不同的激励措施,以使激励机制更加有效。

同步原则。这一原则指的是将物质激励与精神激励结合起来,让两者同步进行,以最大限度地保障激励机制的效果。其中,物质激励就是以物质为基础,激发人的内在需求,促使人采取行动,如学校设立的奖学金、见义勇为奖等。精神激励指的是从思想上对人们进行改造,使人们形成一种内在的行为认知以及对这种行为的认可。通过精神激励可使人产生强大的内在动力,保证人们的改造行为持续进行,而且不受外部因素的刺激。单独采取物质激励和精神激励是难以保证激励效果的,需要将两者结合起来,才能确保激励效果最大化和长久化。

适度原则。众所周知,做任何事情都要把握合理的"度",这是源于生活的基本认识规律。从激励的效果上来看,心理需求与激励手段相隔的时间越短激励的效果就会越好,反之如果二者相隔的时间越长激励作用也就越小。由此可以看出,激励机制的实施要把握一个合理的"度",

不仅要保证时间的合理性,同时也要保证激励手段的合理性,严格遵循适度原则的基本要求实施激励机制。

第二节　高校思想政治教育的评价机制

一、高校思想政治教育评价机制建设

高校思想政治教育的评价既包括对思想政治教育管理体制的评价、对思想政治教育过程的评价、对思想政治教育各要素作用的评价,也包括对思想政治教育效果的评价。评价的根本目的就是检验思想政治教育实施的效果,及时进行调整,使得整个思想政治教育的体制更加有效。思想政治教育作为一个完整的系统运转,需要不断地反馈信息,保持系统的生命力。

(一)高校思想政治教育评价的内涵

高校思想政治教育评价是高校管理部门以学生思想政治教育目标、要求为依据,确立指标体系,运用各种先进的方法,对学校思想政治教育各项机制的实施过程和效果进行价值判断的过程。高校思想政治教育评价机制同时也是学校考核教育工作者绩效、制定教育决策的重要依据。

对思想政治教育是否实现了预期目标进行评价是高校思想政治教育评价的主要内容。高校思想政治教育评价的根本目标在于培养和提高大学生的思想政治素质,所以高校思想政治教育的所有活动都要围绕这一根本目标进行,最终实现这一目标。如果开展的思想政治教育工作使得学生的思想素质、政治素质、理论素质以及道德素质得到了提升,说明高校思想政治教育工作取得了实际效果。否则,就说明高校思想政治教育效果不好,没有实现教育的最终目标。因此,高校思想政治教育评价必须以思想政治教育目标为依据,围绕大学生的思想政治素质的表现,建构合理的指标体系,对大学生的思想政治素质变化情况进行客观的反映,对思想政治教育的实际效果进行评价。

（二）高校思想政治教育评价的重点对象

高校思想政治教育的评价对象实际上应该包括思想政治教育的各个要素的评价。通过对各个教育要素的评价，才能全面地发现问题，总结经验，提高实效性。

一般说来，思想政治教育评价的重点对象有以下几个方面。

第一，对受教育者思想政治品德现状和接受思想政治教育的效果的评价。这种评价为思想政治教育方针政策、目标计划的制订、方法的选择提供依据，能有效改善思想政治教育的环境和载体，甚至提升教育者的素质，提出有益的启发，推动思想政治教育的不断发展。

第二，对教育者的评价。这包括对思想政治教育者自身素质的评价和他们在思想政治教育中发挥主导作用的情况的评价。思想政治教育者实施的方法是否得当，对受教育者引导是否及时，体现政治方向是否鲜明，说服力是否很强，对教育对象思想政治品德状况是否了解，对思想政治教育事业是否全力投入，都是可以评价的内容。

第三，对思想政治教育过程的评价。任何事物都是作为一个过程存在的。思想政治教育作为一个完整的系统，也是通过一个过程来展示其具体状态的。各种思想政治教育的要素，也是在过程之中展示其状况的。评价思想政治教育的过程，不仅能够对过去思想政治教育的历史进行总结，提出启示；同时也能够对未来的思想政治教育工作提供有益的参考。

第四，对思想政治教育的领导和决策部门的评价。思想政治教育的领导和决策部门是思想政治教育的总指挥、总调度，具有统领全局的功能。思想政治教育的领导和决策部门的决策、管理、指导、监督、协调是否得当，对思想政治教育的认识是否到位，对思想政治教育队伍建设的投入是否充分，思想政治教育的制度制定是否全面，对思想政治教育队伍的承诺是否兑现，都应该作为评价的内容。这些评价，可以组织专家进行，也可以由思想政治教育的领导和决策部门内部自行检查。

第五，对整个思想政治教育运行系统的总体评价。整个思想政治教育的系统在运行之中，哪些方面是强点，哪些方面是弱点，哪些方面出现先进典型经验应该总结，哪些方面出现薄弱环节应该加强，这都是对整个思想政治教育的系统的评价应该解决的问题。这样的评价就能够使得思想政治教育的整个系统趋向完善，更加有效地运转。

（三）高校思想政治教育评价的具体内容

1. 思政课程教学评价

高校思想政治教育课程是现代课程中最能充分体现意识形态的课程，选择什么样的课程内容和学习经验，以及用什么组织形式对这种课程内容和教育经验进行组织，直接关系到党和国家意识形态的主导性和课程的方向性问题。当前高校思政课程形式多种多样，包括显性思政课程和隐性思政课程、学科思政课程和活动思政课程、直接思政课程和间接思政课程等。思政课程的复杂性给思政课程教学评价带来了困难。因此，如何对大学生主体课程教学进行正确、恰当的评价，已经成为当前高校思想政治教育所面临的一个重要问题。

2. 高校思想政治教育的实施评价

当代高校思想政治教育实施过程是教育者和受教育者通过一定的方式和途径与现代课程发生一定的矛盾运动的过程。要想知道在这个过程中是否体现了德育的特点，是否具有一定的德育性，就必须对教育者活动、受教育者活动及其活动的方式进行评价。

（四）高校思想政治教育评价的原则

1. 方向性原则

方向性原则是指在思想政治教育的评价中，要坚持正确的政治方向。对于思想政治教育工作的评价的正确方向，应该理解为：坚持党的领导；坚持马克思列宁主义、毛泽东思想和中国特色社会主义理论体系的指导；坚持爱国主义、集体主义、社会主义的主旋律；坚持社会主义意识形态的指导；牢牢把握以是否有利于社会主义制度的完善和发展为根本目标。

2. 全面性原则

全面性的原则要求在思想政治教育的评价中，要对思想政治教育的工作的各个方面的情况都进行评价,抓住各个方面的最主要的因素进行评价,不能只抓住一个方面的情况对全局下结论。全面性的原则就是要全面系统地进行评价。只有涉及全面情况,才能梳理出最主要的经验和结论。在这方面,绝对不能由着评价人员抓住某些方面,抛开某些方面,作出片面、极端的结论。全面性的原则还包括,成功的经验也会有自身的"软肋",出现失误的状况也会有深刻的体验和有价值的经验,对这样两种不同情况的评价,都要做到全面分析,才能使人感到公道。

3. 客观性原则

客观性原则就是在评价中尊重事实,以事实为依据,从事实出发研究问题。这是辩证唯物主义最基本的要求。评价是为了寻找思想政治教育的规律,推进思想政治教育工作,所以,就必须从实际出发,重视客观事实的作用,才能找到真正的规律。

评价人员不能带有个人的偏见,更不允许带着个人的成见和宿怨。思想政治教育的评价不能成为打压不同意见或者贬低竞争对手的机会;更不应该成为接受贿赂,无原则吹捧的走过场。[1]在思想政治教育的评价中,能否做到尊重客观事实、公平地评价对象,是衡量参与评价的干部自身作风是否端正、政治品德是否合格的大问题。

4. 科学性原则

思想政治教育评价的科学性原则就是坚持运用辩证唯物主义和历史唯物主义观察和分析问题。对于思想政治教育工作状况和教育效果的分析,必须按照社会实践决定人们的思想意识的基本原理,作出历史的、科学的分析,总结带有规律性的内容,进一步发展思想政治教育工作。

科学性评价,就要把思想政治教育的状况放入一定的社会历史背景和环境之中进行分析,分析各个教育要素的作用和状况。抓住主要矛盾,不局限于片面的认识,不作绝对化的结论,评价结果要使人口服心服,得到有益的启发。

---

① 刘书林.思想政治教育学原理专题研究纲要[M].北京:人民出版社,2018.

二、高校思想政治教育评价模式

评价模式既反映着思想政治教育的形态特征,又反作用于特定形态的思想政治教育,还给评价提供便于操作的样式。高校思想政治教育的评价模式主要有质与量相结合的模式、自评与他评相结合的模式两种。

(一)质与量相结合的评价模式

所谓质与量相结合的评价模式即将定性评价与定量评价相结合的模式。也就是说,在高校思想政治教育评价中,既要对评价对象进行整体和性质的分析综合,以鉴别和判定高校思想政治教育实践效果性质,也要运用数据的形式,从数量上相对精准地把握高校思想政治教育实践效果状况的评价模式。

1. 质与量相结合评价模式的内涵

事物都是质与量的统一。唯物辩证法认为,事物都包含一定的质,也都有一定的量,是质与量的统一。因此,高校思想政治教育评价,就要既看其质,也有其量,这样才符合事物的发展规律,才能使评价客观、准确、和谐。

量的评价必须以质为前提。数学、统计学和计算机科学的发展,为高校思想政治教育量化评价奠定了基础,量化评价在现实中逐渐被采用。但是,离开定性的定量评价毫无疑义,定性是定量的前提和结果。

仅有质的评价难以精确。质的评价是我们传统的评价方式。这种方式容易过多地依靠经验和印象,导致主观随意性。即仅有质的评价是难以进行精确的估计的,是不科学、不和谐的。

质与量结合的评价才准确。质是不同事物相互区别的规定,量是保持事物性质的规定。质的评价以便区分优劣,认识其性质;量的评价以便区分优劣的程度,对同性质的对象做出精确鉴别。可见,质与量结合的评价才能够准确、和谐。

2. 质与量相结合评价模式的程序

(1)看、听、问——形成初步印象,有了初级的质
对思想政治教育对象的评价,不论是对个体的评价抑或群体的评价,

一般来说，评价者首先通过看、听、问等活动，看评价对象的面貌、状态，听评价对象汇报，问评价对象的教育安排、效果等。通过这样的看、听、问，评价者对评价对象会形成初步的印象，好或者比较好，或者不够好，或者比较差，或者很差，以及类似程度的初级质的判断。

（2）查、调、访——深入了解分析，获取足够的量

在有了初级的质的判断后，评价工作进入重要的深入了解分阶段析。一般来说，深入了解分析主要是通过查阅资料、调查、访问的方式进行的。查阅资料即查阅评价对象提供的反映本次评价情况的文本资料。调查即对文本材料"看、听、问"阶段了解的情况等加以查证、核实。访问即深入受教育者之中，了解、掌握更具体的情况。通过这样的查、调、访，获取足够的量。

（3）依据量研究质——质与量相结合

在有了初级的质，获取了足够的量以后，依据量分析研究质，判断起初的质是否妥当，对质做出更为精确的判断。依据量研究的质，即质与量的结合，才是更客观、更真实的评价。

3. 质与量相结合评价模式的基本要求

（1）质的判断必须以量为基础

在质与量相结合的评价模式中，初级的质的判断，可能没有充分的量的支撑，但是，这时质的判断，也是以通过"看、听、问"获取的一定的量为基础的；否则，质的判断就是无据的。在获取了足够的量以后进行质与量相结合的评价时，质的判断无论对一定质的程度的判断抑或不同质的判断，都必须以量为基础，否则，对质的断定就难以客观、准确，就难以服人，因此，就没有评价预期的好结果。

（2）进行量的分析要充分

在质与量相结合的评价模式中，量也是很重要的，它规定着质，或者精确质，或者确定质。所以，在进行量的分析时，要脚踏实地，认认真真，要了解足够的量、真实的量，对量的分析研究要充分、要精细，防止形式主义、走马观花。

（3）进行质的判断要谨慎

起初的质的判断对整个评价起着基础的、导向的作用。最后质的判断是对评价对象的质的判定。无论前者还是后者在评价中都是至关重要的，因此，在进行质的判断时要谨慎，尽力使判断客观、准确。否则，不仅评价失真，对评价对象也可能会造成很大的不利，如若这样，评价就是消

极的了。

（4）量的分析必须以质为前导

在质与量相结合的评价模式中，虽然量的分析是重要的和必要的，但是，对于量的分析必须以质为前提和指导，即必须看清是什么质上的量。否则，离开定性评价的定量评价，毫无现实意义。

（二）自评与他评相结合的评价模式

所谓自评与他评相结合的评价模式即将被评价对象自己评价与其他评价主体的评价结合起来进行评价的模式。具体来说就是，被评价的教育者或受教育者对自己进行评价。另外的其他评价主体或者教育者、领导、专家、相关人员对评价对象进行评价，并将两方面抑或多方面的评价相结合，得出最终判断的评价模式。

1. 自评与他评相结合评价模式的优势

高校思想政治教育之所以倡导自评与他评相结合的评价模式，主要有以下几方面的理由：

自评与他评相结合的评价有利于激发、调动被评价对象的积极性。正因为被评价对象最清楚思想政治教育的情况，而既往的高校思想政治教育评价没有或者很少让被评价对象参加，致使评价难以准确并且难以为被评价对象积极接受。所以，运用自评与他评结合的评价模式，让被评价对象参与到评价过程中去，有利于激发、调动被评价对象的积极性，使他们易于接受评价结果，更使他们积极地投入持续的思想政治教育过程中去。

自评与他评相结合评价才客观、准确。价是为了掌握思想政治教育的情况和促进教育活动深入地开展。谁最清楚思想政治教育的情况？被评价对象。被评价对象是思想政治教育的主体、亲历者，他或他们对教育的过程及其效果心知肚明，所以，被评价对象要自评。但是，现在有些人不那么坦诚、谦逊了。不仅如此，喜欢自夸或者夸大其词，甚至弄虚作假者也不鲜见了。还有"不识庐山真面目，只缘身在此山中"的制约。再者，人们看自己时往往看到的优点多、缺点少，而看他人则相反。因此，不能仅有自评，还需要他评。他评可以保证评价的客观性。这样，自评与他评相结合，评价才会客观、准确。

自评与他评相结合是对既往思想政治教育评价的改革和创新。上面已经谈到,应该让被评价对象参与评价。特别是在当代社会,我们倡导以人为本,人们的自主意识、民主意识、参与意识普遍增强,仅有他评,把被评价对象看作机械的客体,这样的评价是很难让被评价对象接受的,所以,思想政治教育提出自评与他评相结合的评价模式,可以改革既往的、不合理的评价模式。

自评与他评相结合评价才和谐。虽然被评价对象最清楚思想政治教育的情况,但是,较长时期以来,在现实的评价中,被评价对象难以参与评价,盛行的仅有他评。这往往导致评价仅关注了那些显性的东西,甚至形式。对教育过程、受教育者思想认识的提高、心理的变化等难以顾及,而这些却是思想政治教育中的重要方面。正因为这样,对于评价给出的判断,被评价对象往往有意见,甚至影响了思想政治教育的持续进行。所以,坚持自评与他评相结合的评价模式,评价才会和谐。

2. 自评与他评相结合评价模式的基本程序

自评与他评相结合评价模式的基本程序如下:

被评价对象自评。被评价对象自评,即让被评价对象对自己的思想政治教育工作(对教育者而言)或接受思想政治教育的过程与效果(对受教育者而言)做出评价。被评价对象的自评,可以采用定性评价,一般是定等级。也可以运用一定的量的表达,定分数。不管运用哪种方式,都必须有依据,即对判断的足够的支撑,以防止自评的虚假。

其他评价主体。其他评价主体的个数难以确定,有可能就是一个主体;有可能是多个主体,如教育者(对被教育者的评价)、受教育者(对教育者的评价)、领导者、专家学者、思想政治教育的职能部门、知情者(或同事、同学、家长、朋友、与被评价对象有较多交往者等)。参与评价的其他主体越多,评价的结果就越客观、准确。其他主体的评价,一般是定性与定量相结合的评价。参与评价的主体务必带着对被评价对象、社会负责任的态度,认认真真地进行评价,不可草率从事,搞形式主义,弄虚作假。

自评与他评相结合。在自评与他评的基础上,将自评与他评相结合,即将两个评价结果进行整合。所谓整合不是将两个结果简单相加或按一定的权重计算出最后的结果,而是要认真地对比、分析、研究各评价的客观、合理之处,对各评价结果进行"去粗取精,去伪存真",然后由各评价主体的代表协商出最终的评价结果。

3. 自评与他评相结合评价模式的基本要求

（1）动员被评价对象如实自评

长时期以来，在思想政治教育评价中，自评未被重视，或者未被采用，原因是多方面的，如教育观念问题没有把评价对象当作主体，以及社会理念问题——没有以人为本理念等。但是，更为主要的原因可能还是不相信被评价对象。前面曾说道，在现实社会条件下，弄虚作假者有之，自评很可能有一定的"水分"。因此，在采用自评与他评相结合的评价模式时，评价领导者、组织者要对评价对象加以动员、引导、指导，让他们有求实的态度和作风，要告知他们除了自评还有他评，虚假迟早会暴露，弄虚作假者最终要吃亏。

（2）各评价主体独立进行评价

为保证各主体评价的真实、准确，在采用自评与他评相结合的评价模式时，各评价主体要独立进行评价，自主地表达自己的意见；否则，就等于没有了多个评价主体，还是一个主体主宰评价。

（3）其他主体评价要客观、公正

评价中的客观、公正非常重要，否则就违背了评价的初衷——总结经验教训，推进思想政治教育持续、深入开展，其他主体评价的客观、公正，首先取决于态度的客观、公正。其次取决于工作的认真、扎实，特别是那些平时与被评价对象接触较少、了解较少的评价主体，要保持评价的客观、公正，必须深入被评价对象的日常教育、工作、生活中作细致的观察、了解、调研、核实。否则，难以保证评价的客观、公正。

（4）对评价结果的整合要科学

由于种种原因，比如，对评价对象的了解程度、评价者先入为主的成见和评价中的态度、评价者的水平、评价中工作的认真程度等，各评价主体的判断肯定是有差别的，对于各个主体的评价如何赋予权重、整合，这是个复杂的问题，需要认真研究。一般来说，谁更知情，谁更懂得评价，谁获取的证据更有力，在赋予权重时谁的意见就更为重要些。在整合中，要充分发扬民主，各评价主体平等地表达自己的意见、阐述自己的理由，通过民主协商得出最终的评价结果。

三、高校思想政治教育评价机制创新

评价是任何教学都不可或缺的重要环节，对高校思想政治教育来说也是如此。大学生思想政治教育不能缺少检测和评价环节，否则将无法

正常调控和实施。因此,对高校思想政治教育评价机制进行优化创新,一方面可以有效检测和推动教育的正常进行,另一方面也可以增强学生的责任感,使他们更加积极地学习。

（一）高校思想政治教育评价主体的创新

1. 内部评价

内部评价是指高校内部自行组织的评价工作。高校负责对本校各院系、各部门的高校思想政治教育实施情况定期进行检查和评价。通过自我评价机制的运作,因材施教,不断提高高校思想政治教育的水平和效果,是加强高校思想政治教育的重要手段。内部评价的创新需要注意以下几点。

首先,专门成立由校内党政班子成员组成的评价领导小组,实施全面的思想领导、组织领导和业务领导,这是校内评价机制正常运行的根本保障,具有特别重要的现实意义。

其次,加强评价队伍制度化建设,优化评价队伍结构,建立老中青相结合、专兼职相结合的制度。评价承办部门负责对评价人员的选配和管理,要对他们进行定期培训,建立评价队伍数据库,发挥评价队伍的最佳效能。

最后,加强评价反馈机制。教育行政部门和评价机构是构建评价反馈机制的主体。评价反馈机制要具有开放、互动的特性,要增强评价的公正性,提高评价机制的效率,使教育评价在教育主管部门、学校、师生、家长及社会各界人士之间实现互动,使自查、互查、他查相结合,随机与预告相结合,专项与常规相结合的评价方式得以常态化,在不断的反馈过程中完善和发展长效评价机制。

2. 外部评价

外部评价是指由教育主管部门、社会中介机构等组织的评价工作。高校思想政治教育要想由虚变实、由软变硬,外部评价机制的运作是重要措施。

首先,按国家教育主管部门有关高等学校思想政治教育的要求对高校思想政治教育实行两级评价。各省、自治区、直辖市教育行政部门负责对当地各高校思想政治教育实施情况进行定期检查、评价和奖惩。

其次,国家级相关教育部门或专家组对高校进行不定期督促、检查、评价。主要围绕中央关于加强和改进学校思想政治教育的意见或相关要求进行。评价内容主要包括:第一,领导体制、机构和队伍建设情况;第二,"两课"建设情况、日常思想政治教育工作开展情况、党团工作和学生会工作情况;第三,思想政治教育投入情况;第四,学校思想政治教育的总体效果。

(二)高校思想政治教育评价内容的创新

随着时代的进步,人们对大学生素质的要求也越来越高,对思想政治教育内容的评价也日益全面,不仅要评价教师的教,还要评价学生的学;不仅要评价教育活动的结果,还要评价教育活动的过程;不仅要评价学生智力方面的发展,还要评价其在情感、意志、人格等非认知因素方面的发展;不仅要评价校内思想政治教育的指导思想、方法、途径、内容和环节等,还要评价学校整体环境、家庭、社会等外在因素对高校思想政治教育的影响。

通过全面评价,思想政治教育工作者可以及时获得反馈信息,了解思想政治教育活动中存在的缺陷和不足,不断地改进、完善自己的教育活动,使教育活动更好地为学生的发展服务。

(三)高校思想政治教育评价指标体系的创新

在高校思想政治教育实践中,用笼统的总目标直接对评价对象进行价值判断是很困难的,需要将总目标分解成具有可操作性的子目标。构建高校思想政治教育评价指标体系,应遵循以下具体要求:

第一,评价指标必须与高校思想政治教育的总目标相一致。评价指标作为教育目标的反映,必须与教育目标保持一致,否则就会把评价工作引入歧途。具体而言,一是评价指标的方向必须与教育目标的方向一致,不能出现与教育目标相悖的情况;二是各指标应保持一致,不能把相互冲突的评价指标放在同一评价系统中。

第二,评价指标要有相对独立性。指标体系内的各项指标都应有自己特定的内涵,应相互独立,互不包含。如果指标不独立,存在两项或更多项重复的指标,就会在实际操作中出现重复操作的情况,会增加评价的工作量,造成人财物方面的浪费,影响评价工作的效率和科学性。①

第三,评价指标要有可测性和可比性。评价指标所评价的内容能够通过实际测量,获得确切的信息,经过分析得出明确的结论,并且测量的结果可以进行比较。

第四,评价指标要有可接受性。评价指标应当符合受评者的实际状况,能为受评者所接受,应尽力将思想政治教育工作评价指标合理分解为数值化的标准,以定量为主,同时辅以定性的方法,使其既简明易行又突出重点,既不抽象空泛又不人为复杂化。同时,可以通过分类标识、定期报送和数模处理等方式,尽可能减少现场评价的工作量,减少受评对象的"迎评"工作量,真正体现和谐评价的理念。

---

① 王绪成.生态观视角下思想政治教育研究 [J].石家庄:河北人民出版社,2018.

第七章

新时期高校思想政治教育创新发展

　　互联网作为 20 世纪人类最伟大的成就之一，一方面它拓展了思想政治教育的空间，为高校思想政治教育工作以最经济合理的投入获得最大的收效提供了新机遇；另一方面在促进思想文化交流、丰富精神生活和拓展网络交往等方面起到了积极作用，为高校构建和谐校园带来了新机遇。高校作为人才培养、科学研究、社会服务和文化传承的重要载体，是人类文明的必然产物，而人类文明的发展必然迅速地推动高校自身的发展，具体到思想政治教育领域更是如此。可以说，互联网的快速发展必然是高校开展思想政治教育千载难逢的好机会。基于信息网络的高校思想政治教育工作，在继承和发扬优良传统的基础上，必须与时俱进，着眼于和谐校园建设，在内容、形式、方法、手段、机制等方面努力进行创新和改进，探索网络思想政治教育的规律，创新网络思想政治教育的方式，解决网络思想政治教育工作出现的新问题。①

① 邓卓明 . 高校思想政治教育创新研究　以构建和谐校园为视角 [M]. 北京：人民出版社，2009.

第一节　新时期互联网时代的来临

互联网,在全球范围内掀起一场影响人类思想、行为、活动等方方面面的深刻变革,这使得人类站在了新的时代——知识经济时代、互联网时代、大数据时代,也使得人类教育进入了革新时代。

一、"互联网+"的内涵

"互联网+"是以互联网为主的一整套信息技术在经济、社会生活中各部门的扩散应用过程。其中,云计算、大数据与新分工网络是"互联网+"的动力。具体可分为以下几点:一是要把"互联网+"当作更具生态性的要素来看待,即把"互联网+"看作是现代人们生活、环境不可分割的存在;二是说明对"互联网+"的理解因人而异、因时而异,具有动态性,认为互联网和互联网主体的时间、空间、生活、事业、行为、关系、现实世界与虚拟世界交织在一起:三是指明"互联网+"的特质是"跨界融合、连接一切";四是强调"互联网+"是具有很强协同性、全局性、系统性的生态要素。[①]

二、"互联网+"的特征

"互联网+"的特征可概括为跨界融合、创新驱动、重塑结构、尊重人性、开放生态、连接一切,而"互联网+"教育在"互联网+"的特征基础上也有其独特的表现。[②]

---

① 李亚青,张国磊,夏鑫,等."互联网+"大学生社会主义核心价值观实践教育研究[M].北京:知识产权出版社,2016.
② 李亚青,张国磊,夏鑫,等."互联网+"大学生社会主义核心价值观实践教育研究[M].北京:知识产权出版社,2016.

（一）跨界融合之线上线下教育联盟

在互联网高速发展的当今时代下，一方面，在线平台通过线下实体增强自身的口碑力度，吸附更多优质访问量；另一方面，优质线下资源通过完善的线上平台得到了最大化的释放，迅速提升知名度，形成了新型合作融合模式。

跨界，需跨越思维观念之"界"，"互联网 +"为针对问题痛点、体验空白、价值盲区所实现的跨界融合带来了很多亮点，状态切换是新旧力量的角力，是心智与习惯的转变，需要时间的考验，更要经受质疑和唱衰的煎熬。

跨界，应该成为一种行为方式。"互联网 +"教育也是如此，以哲学与科学为例，哲学孕育了科学，而科学则推动了哲学的发展，两者相辅相成，在任何时候都不可偏废。笛卡尔说过："知识好比是大树，哲学是树根，科学则是树枝。"各个学科之间、各门课程之间、教育环节之间、线上线下都存在着割不断的必然联系。然而，大千世界带来的新奇色彩，容易使处于成长期的高校学生缺乏主流观念和理想。

在互联网时代，学校并不是学生学习的唯一途径。高校要借助"互联网 +"将立德树人贯穿于各学科、各专业的教学环节中，让每个教育者和受教育者自觉地将培育和践行社会主义核心价值观变成一种行为方式。

（二）重塑结构之网上网下资源整合

互联网时代是一个开放、合作、共赢，众创的时代。互联网使得现实时空得到了延伸，地理边界得到了改变，关系结构也得到了变迁，让社会结构随时面对不确定性，为教育结构的重塑和整合提供了更大的空间。"因材施教"主要是教育要从受教育者的实际现状出发，依据学生的认知水平、性格特点、学习能力以及自身素质，展开针对性的教学，促进学生的全面发展。互联网、大数据能够更科学地分析学生的学情和实际需要，而"互联网 +"的资源能够整合所有的教育主体形成教育合力，对学生进行立体式的全方位教育。在线教育要想蓬勃发展，最大限度做好有针对性的教育资源整合、创造优质资源、深挖资源价值才是生存和发展之道。

如何帮助学生进行信息处理并引导他们积极传播正能量，是互联网时代教育必须解决的课题。互联网、社群、分享大行其道，这使得教育的途径不断得到丰富和发展。学生的需求越来越多地发生在移动互联网上，如学习需求、成长需求、传播需求、娱乐需求、购物需求、创业需求等。互联网和大数据的结合做到了在充分了解用户的基础上，不断提高其理解能力，采用喜闻乐见的方式与之对话、交互、交流，在此过程中传播和渗透社会主义核心价值观。

互联网还能打通用户的关联，使分享更直接、评价更真实，这有利于教育者不断提高教学能力和水平。互联网是大众智慧的集合体，在互联网教育中，学生就是用户，学生用户可以参与设计、参与创新、参与传播、参与内容创造，通过评价教学内容、教学设计、教学形式、教学案例、教学方法和教学手段来参与管理。众包、众筹、众创、众挖等互联网"众"经济，不仅是社会的新结构、商业的新格局，还是生活的新方式、经济的新范式、教育的新途径。"以众智促创新，以众包促变革，以众扶促创业，以众筹促融资"，这是我国形成创新驱动发展新格局的基本要求。我国的传统教育历史悠久，在线教育作为教育的一种新形式，在发挥自身优势的同时需从传统教育中借鉴和吸收经验，这样可以少走弯路和岔路。

现实和虚拟的世界有时变得分裂而有时又无缝融合，"互联网+"最终描述的还是一个智能社会，不仅能让大家更加高效、节能、舒适地在这个社会里生存，而且还为人类社会的资源重组提供了非常大的便利。借助互联网和移动互联网，通过跨界融合，将长期的文明进化和教育实践中所创造积累的教育知识、教育经验、教育技能、教育资产、教育费用、教育制度、教育品牌、教育人格、教育理念、教育设施以及教育领域内外人际关系等有效地组合在一起，最大限度地发挥教育的价值。所以，从本质上来看，"互联网+"对教育的影响主要体现在教育资源的重新配置和整合上。

（三）尊重人性之学生核心育人为本

"互联网+"带来的不仅是技术的变革，还能够将校内资源和校外资源融合，建立学校、企业、社会的动态连接；将传统的灌输式教育转型为探讨式教育，最终达到团队协同塑造式教育，营造开放快乐的教育氛围。

"+"是价值创新和价值实现的要素，通过大数据技术建立互联网信息卡、信用记录卡，沉淀大量信任关系，重构信任关系，建立动态连接交互分享系统，发展社群与管道，以别人的能动性为主导，来放大他们的梦想，提供梦想实现的生态条件支持，创造推动进步的土壤，做到以学生为中心、以育人为根本。鉴于"海量＋多样化＋快速处理"成为常态，数据的挖掘和应用成为核心，进一步创新数据的挖掘、析出和应用，有助于教师根据数据分析对学生可能出现的心理困惑和理解困难进行前瞻性的设计，这使得教育能更有效引导学生树立科学的世界观、人生观、价值观。

具有科学性、针对性的导学方案，可帮助学生树立与时俱进的学习理念。用数据挖掘和数据分析的技术可帮助学生分析问题和解决问题，丰富他们的学习方式，为他们提供更有效、直接、全时空的互联网学习指导和工具。建立以学生为中心，包含导学方案、学习理念、技术支撑、学习方式、学习工具五个元素，实施先学后教、学情分析、小组评价、教师总结、能力拓展五项策略，最终形成以三高效、三调动、三大量、三倡导、三创新为特征的高效课堂。

（四）开放生态之互联网生态教育圈

生态是"互联网＋"非常重要的特征，生态本身就意味着开放，无论是跨界融合、创新驱动，还是重塑结构、连接一切，都需要营造开放的生态环境，只有在一个开放的生态系统里，才能找到一些与外部其他要素之间的共同点。不管是数据开放、云平台还是提供连接，都是把更多的信息孤岛连接到各自的生态体系，一起共生、发展，让各自生态体系的用户获得更高的品质，促进良性竞争。

不断优化生态是推动"互联网＋"的重要手段，良好的生态激活创造性，放大创造力，孕育创意，促进转化，尊重人性，把孤岛式创新连接起来，形成"互联网＋"生态圈，带来社会价值创新。

创新创业教育亦是如此，互联网、生态化降低了门槛，提供了多种合作、协作的可能性，激发教育"群体智能"即大众智慧、大众协作有可操作的空间。"互联网＋"提供了新的人际组合、交互、融合方式，熟人分享、社群交互都成为催生群体智能的可能因素，同时也为我们开阔了"互联网＋"教育的新视野——"互联网＋"生态教育圈。[①]

① 刘利，潘黔玲.互联网＋视域下思政课教学理论与实践发展研究[M].长春：吉林大学出版社，2017.

（五）连接一切之织成教育联动网络

连接一切，是将一切可以产生信息并具有信息交互可能性或相互影响的因素，利用信息通信技术特别是智能化的方法连接在一起的过程和状态。连接是互联网的未来，更是"互联网+"的核心。

互联网时代的教育也同样如此。对于"互联网+"教育来说，就是要借助能借助的一切力量和资源进行创新育人、育创新人，就是要搭建数据云平台，融合各种教育资源和力量。利用信息通信技术特别是智能化的方法，通过各种媒介和载体将教育者和受教育者更好地连接在一起，建立纵横两条线的动态"细胞级连接"，织成教育联动网络。

借助"互联网+"，通过数据开放、云平台提供连接，就可以把一个学生从出生起到学前教育、基础教育、高中教育、大学教育等更多的信息孤岛连接到受教育者分析的生态体系，这样就能够对学生确定不同的解决方案。"互联网+"既然是连接一切，除了要做到国民教育全过程网络连接即教育网络的纵式教育链，更要在同一阶段综合各种教育资源，建立家庭教育、学校教育、社会教育、网络教育、自我教育的连接平台，还要做实、做细、做小，把任何一个空间的教育资源建立连接，形成教育途径的"线上线下"移动互联、教学力量的"学校教育、家庭教育、社会教育、网络教育、自我教育"五位一体、教育形式的"课堂教学、实践教学、网络教学、文化滋养、主题活动"五位一体的"合力育人"教育模式，从而建成立体全时空多维协作连接。而立体全时空多维协作连接的建立需要注意，"学校教育、家庭教育、社会教育、网络教育、自我教育"教学力量目标统一，那就是用社会主义核心价值观引领各个层次、各种形式的教育，培育中国特色社会主义合格建设者和接班人。要帮助学生建立创新学习和合作学习的理念，重视培养学生的创新能力和合作能力。

第二节　新时期高校思想政治教育的发展趋势

高校学生思想政治工作的方式方法和途径多种多样，不同的方式方法和途径会收到不同的效果。当今时代，网络正在以超乎寻常的速度迅猛发展，使得人们的生活方式、工作方式、学习方式、交往方式以及思维方式、认知方式乃至思想观念、政治态度等等都发生了深刻变化。在这种形势下,高校学生思想政治工作面临着前所未有的机遇和挑战。

高校网络思想政治教育创新离不开特定的社会背景条件,因而高校网络思想政治教育创新必须关注网络社会的发展趋势,才能掌握创新的发展方向。

随着信息技术和网络社会的发展变化,高校网络思想政治教育必然随之而发展变化。在此情况下,高校网络思想政治教育创新必须关注高校网络思想政治教育的发展新趋势,才能跟上时代发展的潮流,捕捉到高校网络思想政治教育创新的发展方向。[①]

特色化。我国高校的网络思想政治教育是政治教育、思想教育、道德教育三位一体的教育形式,尤其是在教育的指导思想上与西方的多元化理论有着鲜明的区别,这实际上体现的正是中国特色。在网络时代中,无论中国的网络思想政治教育如何发展,它都必须以马克思主义为指导,并在此思想指导下,着力进行中国特色高校网络思想政治教育的建设和发展。也就是说,我国高校网络思想政治教育的发展趋势将是走中国特色的发展之路,它将融合中国的国情,熔铸本国的民族文化特色,唯其如此,方能在世界民族教育中占有一席之地。这也是高校网络思想政治教育创新的必由之路。

现代化。未来是一条现代化之路,中国的教育必须为中国特色的现代化建设服务,高校网络思想政治教育的发展也一样。高校网络思想政治教育必须为中国的现代化建设培养具有现代意识、现代观念和现代技能的高素质人才。为此,高校网络思想政治教育的发展也必然走向现代化。而现代化的基础则是信息化,信息技术的发展又恰好为高校网络思想政治教育的发展提供了良好的技术基础。在信息技术发展的基础上,高校网络思想政治教育必然走向现代化的发展趋势。

社会化。所谓高校网络思想政治教育的社会化,是指高校网络思想政治教育的社会功能。高校网络思想政治教育必须面向社会、面向实践、面向人民,贴近社会、贴近实际、贴近人民,这是高校网络思想政治教育的生机和活力所在。随着网络社会对各个角落的日渐渗透,高校网络思想政治教育的范围将逐渐由学校扩大到社会,一方面是为了从社会中汲取营养,另一方面则是为了实现它的社会价值,为社会发展服务。正因为如此,高校网络思想政治教育的范围将逐渐趋向社会化。

---

① 段艳兰.信息全球化背景下的高校思想政治教育 [M].长春:吉林大学出版社,2016.

国际化。中国的建设与发展离不开世界,中国必须走向世界,与国际接轨,这是中国现代化建设的必然选择。同样,高校网络思想政治教育也离不开世界,也必须走向世界,努力与国际接轨。尤其是在信息化时代,高校网络思想政治教育的发展必须抓住信息化的机遇,以开放的眼光和国际化的视野,努力吸收和借鉴世界各国的文明成果,不断丰富自己的思想政治教育内容,才不会被信息网络时代所淘汰。高校网络思想政治教育也只有走国际化之路,才能培养具有国际视野的现代化人才,参与国际竞争,实现自身的教育价值。

民主化。民主的基础是平等,网络社会的平等性为网民们的自由发展提供了理想的发展空间,为实现人类社会的民主自由创造了一个妙曼无比的舞台。

在这个舞台空间中,人们关于民主的一切构想都可以在其中进行虚拟和实践。可以说,人类自诞生以来的一切对民主、平等和自由的向往和追求,都可以通过网络空间进行尽情享受。高校网络思想政治教育作为一种网络空间的虚拟社会实践活动,一方面可以实现教育主体和客体之间的民主、平等和自由,另一方面也可以实现教育过程、教育资源的民主化。也就是说,网络社会空间的平等、自由性决定了高校网络思想政治教育的民主化发展趋势。

多元化。网络空间是一个多元的传播空间,各种各样的信息都会夹杂其间。网络社会也是一个多元的社会,各种各样的社会意识形态都会在其中有所反映。这种多元并存的状态,一方面极大地丰富了高校网络思想政治教育的信息传播内容,但另一方面也增加了高校网络思想政治教育的工作难度。面对复杂多样的网络信息,教育者必须引导教育对象科学地识别和选择有用的信息内容,科学地分析各种思想意识形态和价值观念。此外,信息与价值观念的多元化也必将促使世界各国采取一致行动,通过网络立法和开展广泛的网络道德教育和采取联合行动,共同抵制和打击网络犯罪,维护网络社会的信息安全和人民的合法权益。因此,高校网络思想政治教育也必须面对现实,适应多元文化社会的转变,同时,也必须警惕多元文化的渗透,维护和弘扬自己的民族传统文化。

第三节　新时期高校思想政治教育的创新

一、高校网络思想政治教育创新的必然性

时代的进步和社会的发展最终对高校网络思想政治教育提出了创新的要求,而人类社会发展的必然趋势和教育改革的客观要求将使高校网络思想政治教育创新成为思想政治教育创新的必然。

（一）网络社会的发展方向决定了高校网络思想政治教育创新的发展方向

互联网的诞生已经使人类社会的发展产生了深刻的变革,人类将不得不面对一个崭新的"数字化生存"时代和新型的社会存在形式——网络社会。尽管它不是一种新的社会形态,但它具有一些新的社会形态的基本特征,比如虚拟与现实的双重特性、超越时空的交互性和自由开放的文化多元性等。网络社会是科学技术发展的必然产物,高校网络思想政治教育也是科学技术发展的必然产物。高校网络思想政治教育与科学技术发展之间具有一种天然的互动关系,一方面,科学技术的发展必然会促进高校网络思想政治教育的改革与创新,另一方面,高校网络思想政治教育的改革与创新也必将促进科学技术的发展。而科学技术,尤其是信息技术是网络社会存在与发展的基石,信息技术的发展方向决定着网络社会的发展方向,因而网络社会的发展方向也就决定了高校网络思想政治教育创新的发展方向。也就是说,高校网络思想政治教育必须随着网络社会的发展而进行发展与创新,这是不以人的意志为转移的客观规律。

（二）人的发展需要促进高校网络思想政治教育的创新

高校网络思想政治教育创新必须从人的需要出发,也就是说,人的发展需要是促进高校网络思想政治教育创新的动力之一。人作为社会的主体,其发展与信息和知识密不可分,每个人都在不知不觉中接受着网络信息时代的洗礼,都想努力成为掌握信息技术知识的主人。这种努力和要求,体现了人作为主体发展和完善的意愿,同时也体现了信息技术时代对人的主体素质的客观要求,即信息技术时代的人,不仅要具有良好的信息技术素养,而且还要具有高尚的思想道德修养,由此才能真正成为信息技术时代的主人。也就是说,自由而全面的发展是人类自身的发展追求,而网络社会中信息技术革命对人的主体自由精神的提升具有重要影响,因而高校网络思想政治教育也必须为适应人的自由全面的发展需要而进行创新。

（三）教育的网络化趋势需要高校网络思想政治教育也必须随之与时俱进

从教育的发展角度来看,教育的网络化趋势必然要求思想政治教育与时俱进,进行新的创新。这是高校网络思想政治教育创新的内在发展要求。信息技术的诞生促进了教育的网络化,并由此引发了教育的模式、体制、培养目标、方式方法等都发生了相应的变革,教育的领域在不断地拓展和延伸,终身教育成为发展的必然趋势。

二、互联网对高校思想政治教育创新的意义

创新是对旧有思想观念、工作模式、方法手段的突破和超越,但创新不可能凭空而跃,必须具备一定的条件和基础,而且还要有良好的机遇,如此方能取得创新的成功,否则,创新将成为无源之水、无风之力、无效之果。互联网是一种新兴传播媒体,是信息技术发展的产物。互联网的诞生既改变了人类社会的生存方式和生活方式,把人类带入了一个新的社会空间——网络社会,同时也给人类的教育方式变革注入了新的活力,为高校思想政治教育创新提供了新的机遇。

（一）互联网为高校思想政治教育开辟了广阔的发展前景

在信息化时代,高校思想政治教育需要与时俱进,拓展新的发展空间,伴随着信息技术而诞生的互联网恰好可以为高校思想政治教育提供广阔的发展空间。

互联网传播的高度信息化和开放性使高校思想政治教育的含量空前扩容。传统的高校思想政治教育由于受时间、空间和技术手段的限制，其教育的形式和手段往往比较单一，教育内容相对比较单调，形式化的东西也比较多，因而教育的效果往往不尽如人意。高校网络传播由于具有不受时间、空间、地位等的限制，能够及时传递信息、解答学生普遍关心、关注问题的网络特性，既加强了学生思想政治教育的时效性、针对性和平等性，又为高校学生思想政治教育提供了一条崭新的教育途径，开辟了广阔的发展前景。

（二）网络传播特性改变了高校思想政治教育的传统模式

长期以来，高校学生思想政治教育的基本模式是，以课堂教学为主，辅之以报告、座谈、讨论、谈心、社会实践等方式。在此教育模式中，教育者掌握着教育资源，具有绝对的权威，教育传播的手段比较单一，教育对象处于被动接受的地位，且教育的舞台多局限于校园之内。在高校网络传播中，学生思想政治教育的模式已发生了根本转变，教育者已不再是高高在上的绝对权威，教育对象也不再被动地接受教育，双方之间都具有平等的甚至是角色互换的传授地位；教育传播的手段已多媒体化，网络传播构建了一个新的高校思想政治教育新模式。

（三）互联网传播有利于提高高校思想政治教育的针对性和实效性

网络传播的自由性、及时性和隐蔽性有利于教育者更好地了解大学生的思想动态。比如，许多大学的校园 BBS 因其特有的文化氛围和适度的宽容态度而备受学生的欢迎，大到国际局势和国家大事，小到食堂伙食和校园里的点点滴滴，只要有感触，学生网民们总爱聚在这个虚拟的社区中一吐为快，校园 BBS 遂成了观察大学生思想动态的最好"窗口"和"晴雨表"，并为学校有针对性地做好学生的思想政治教育工作提供了良好的契机。

（四）互联网有利于学生思想政治教育的创新

互联网有利于学生创新能力的培养。计算机网络技术不仅扩展了人的感觉器官、神经系统，而且拓展了属于人自身的思维智力，从而使人类自身提高了接受和处理信息的能力。在网络传播环境中，学生的实践活动将从现实的物质空间延伸到虚拟空间。在这个空间里,互联网技术不仅前所未有地拓展了学生的认知和实践活动的范围,激发了学生创新知识和探索未知的念头,摆脱了对知识权威的从众心理,而且使每个学生网民的想象力、创造力得到空前的发挥,从而有利于学生创新能力的培养和提高。

三、新时期高校思想政治理论课教学创新

(一)高校思想政治教育观念体系的创新

社会的不断发展和开放程度的加大,使不同人群之间的社会观念冲突越来越明显,为高校思想政治教育带来了挑战:经济水平的不断提升和社会改革的不断加深,为高校思想政治教育带来新机遇的同时,也带来了新的挑战。高校思想政治教育要不断适应形势的发展,摒弃不适应社会发展规律的旧传统和旧观念,创造出适应社会现代化事业的新观念。[①]

思想政治教育有其深厚的理论基础、紧密的内在逻辑和充分的现实依据,而在社会转型期的当前,社会结构的动荡和多元价值的碰撞给思想政治教育带来了困境,思想政治教育话语面临大众话语和流行话语的冲击,思想政治教育观念面临市场经济价值观的挑战。因此,改革创新是高校思想政治教育发展的必然途径。

1.思想政治教育创新的原则

随着互联网的发展,人类进入知识经济时代,新的思想观念更新和替代了工业经济时代下形成的思想观念,为新的社会发展模式提出了新的人才培养要求。我们需要针对高校思想政治教育的主体、客体和内容进行调整和变革,通过创新来解决其面临的问题,同时也要对高校思想政治教育的理论进行调整和变革,让高校思想政治教育与时俱进。

知识经济时代发展需要高校思想政治教育的创新。知识经济以知识为动力进行发展,标志着人们的创造能力得到了高度发展,特别是精神创造能力得到了空前提高,其中智力、知识、主观能动性和思想水平等的提

---

① 顾博.探索中国优秀传统文化与大学生思想政治教育的融合[M].北京:九州出版社,2018.

高,不是自然就能形成的,而是通过教育和培训等措施来实现的。

思想水平的培养可以通过思想政治教育来实现,培养要求的不断提高也给思想政治教育提出了难题。尤其是互联网的兴起大大提高了知识传播的速度和范围,学生获取信息的途径大大增加,高校思想政治教育难以形成往日的权威。坚持传统的权威教育模式显然是故步自封,只有创新才是高校发展思想政治教育的最佳途径。

通过创新来解决高校思想政治教育面临的问题。传统高校思想政治教育工作存在诸多弊病,如观念故步自封,缺乏实践,甚至不符合实践需求;以教育者为主体的灌输式的教育方法严重降低了学生的自主选择能力,使学生无心进行探究活动,从而使教学效果低下;教学手段单一化,思想政治教育只存在于课堂上,难以处理不断涌现的新情况和新问题;思想政治教育学科发展受阻,传统思想政治教育过分强调了政治性,局限于意识形态领域的宣传教育,忽视了学生自主性的培养。而这些问题,只有通过改革创新才能真正解决。

首先,改革创新是事物发展的主要动力。任何事物都是处于不断的新陈代谢之中,思想政治教育也不例外。改革是改造事物的结构层次和运行规律,在适应社会发展的基础上扬优弃劣;创新是创造高技术水平和高知识水平的新事物。改革与创新结合,能够去除事物的弊病,注入新动力,推动事物的前进和发展。

其次,各个学科的发展成果为思想政治工作的创新提供了理论基础。"互联网+"时代下,生产力水平得到了空前的提高,各项科学获得了广阔的发展空间。社会科学和自然科学发展至今,已经形成了相当完备和全面的理论系统,为大学生思想政治教育创新提供了科学依据。与此同时,新的研究方式也为思想政治教育提供了新的研究方向。

最后,我国不断进行的高等教育改革和创新为思想政治教育创新提供了良好的环境基础。思想政治教育是高等教育重要的一环,关系到大学生的思维水平和思想道德修养。可以说,思想政治教育的创新与高等教育的创新步调一致。因此,思想政治教育工作者要把握好这个机遇,逐步完成对教育教学和思想理论的创新。

坚持继承与创新相统一的原则。思想政治教育不能丢掉中国五千年来传统文化的宝贵积淀。虽然当前思想政治教育是服务于社会需要的,是从中国的实际情况出发,以培养具有高尚爱国主义情操和思想道德修养的社会主义接班人为目的,但传统文化仍是思想政治教育创新的不竭源泉。只有深深扎根于传统文化的土壤中,思想政治教育才具有长久的生命力。

文化在人类发展过程中被创造出来,是人类文明的结晶,经过时间的洗涤,具有旺盛的生命力。思想政治教育必须参考借鉴民族传统文化中的优秀部分,运用马克思主义进行批判继承,并不断改造,促进其与时代的结合,创造出符合我国国情的文化。

在继承发扬我国传统文化的同时,还要善于借鉴世界其他各国的先进文化。西方资本主义社会发展了几百年,创造了巨大的财富和科技文化,极大地推动了人类文明的进程。我们要以海纳百川的胸怀及高瞻远瞩的目光充分吸收西方社会的优秀理念,用全人类的知识财富武装自己的大脑,推动我国思想政治教育的研究领域、研究方向和研究方法向深层次发展,增进我们的理论深度。

2.教育观念及其创新

高校思想政治教育观念的创新是改革创新的重要内容。下面主要从观念和教育观念、教育观念创新两方面进行研究。

（1）观念和教育观念

观念是指对人们所持有的事物有一定程度的认知和感知,它是人脑对于客观事物的主观反映。教育观念是在教育实践中形成的系统性客观知识。高校教育观指的是狭义上的教育观体系,是针对教育中的一些基本问题而产生的观念,主要包括教育本质观、教育价值观、教育实践观和教育质量观四部分。教育本质观提出教育的本质是将人培养成符合社会发展需要的人才,教育价值观提出教育的价值在于促进人与社会的和谐统一,教育实践观提出教育的实践要统筹兼顾,教育质量观提出教育要把人培养为具有高技术能力、高水平思维和高品质思想道德的人才。

（2）教育观念创新

时代的发展推动了教育观念的创新,体现了教育发展的必要性,同时也带来了挑战。

创新是指在特定的环境下,在原有事物的基础上,利用新的知识和技术,对原有事物进行改进的过程。创新通常要运用新的指导理论,着重强调引入新的概念与变革,创造出新的事物、构成和方法等,并对事物进行重新排列组合和挖掘提炼。它的目的是满足社会发展的需要,从中获取更大的收益和价值。

教育观念要不断根据社会的发展需要进行创新,要深刻反思现有的教育理论,重新制定人才培养的目标、方式、教育方法和内容等。教育观念的创新要在实践的基础上,不断分析和解决出现的新情况和新问题,要不断研究新的教育增长点,深化创新,通过创新突破旧的教育理念,促进教育改革和发展。

（3）教育观念创新的现实基础

第一,教育观念创新是必要的。观念的形成是一个长期的过程,从另一方面讲,社会环境具有相对的稳定性,才能形成一个观念,这就意味着观念很难在短时间内做出巨大的改变。用唯物主义哲学的观点来看,观念是一定社会形态下的人类精神的产物,而社会形态是处于不断运动和变化过程中的,没有什么一成不变的事物,观念也必然不断发展和变化。随着社会的发展,生产力水平和社会结构都在变化,某些反映特定阶段的观念可能不再反映客观实际,跟不上社会发展的进度,甚至阻碍社会发展。因此教育观念的创新迫在眉睫。

第二,教育观念创新的任务是艰巨的。一般来说,教育观念受到主观因素和客观因素的影响。主观因素是人的因素,包括个人的身心发展水平、理论素养和实践经验等;客观因素是社会因素,包括社会发展水平、传统观念及文化、国家发展战略、域外国家的影响等。

深化教育改革,全面推进素质教育不仅要培养现代化人才,还要培养具有前瞻性思维、敢于创新的教师。教育过程中,教师是实施教育的一方,是教育的最前线,教师队伍的质量直接影响着教育的质量,他们的教育观念创新是重中之重。教师队伍整体素养较高,容易接受新事物新理念,才能够成为教育观念创新的引路人。因此,教师要鼓足改革创新的勇气,站在时代的前沿,在实践中发现问题、分析问题,把握教育规律,建立起现代化的教育观念。

第三,教育观念创新具有紧迫性。当今世界的两大主题是和平与发展,而创新和可持续发展是人类发展的主题。随着知识经济时代的到来,科学技术迅猛发展,生产力不断提高,国与国之间的竞争日趋激烈,而国与国之间的竞争归根结底是人才的竞争。我国的传统教育是典型的应试教育,分数是衡量学生学习水平的唯一标准,呆板的权威式管理制度和填鸭式的灌输教学方法,极大地限制了学生自主学习能力的发展。如果这些现象不从根本上解决,就难以培养出适应社会发展的创新型人才。面对 21 世纪的各种变化和严峻形势,我们迫切需要进行教育观念的改革创新。

（4）教育观念创新的基本条件

创新能够推动教育主体的思想创新与重构,能够推动教育主体摒弃思维定式,达到新的理论境界。一般来说,创新是弃旧从新的过程,不仅仅是新事物的建立,还是旧事物的去除。但对待旧事物,不能全盘摒弃,因为旧事物中也有适合社会发展的部分。创新就是在对旧事物批判继承的基础之上，创造出新的符合社会发展的思维方式和技术方法。要善于从前人的智慧结晶中汲取精华，提炼出适合时代的科研成果和客观规律，最后形成科学的概念与体系。总之，创新不是完全反对传统，它们之间既存在着差异，又存在着千丝万缕的联系。

教育创新要鼓励教师对教学内容、教学方法以及教学理论进行创新，用新的教育学理论对教师进行武装，掌握教育发展的最新动向，推动精品课程传播和发展。将精品课程作为教学改革的龙头，可以带动其他课程发展，推动课程建设与课堂教育改革。大力推进"课堂内外一体化"建设，将课堂教学与课外教学结合起来，创造出集课堂教学与学习汇报、交流感悟于一体的平台，不仅能给学生创造在课堂上实践所学知识的机会，也能提高教师的职业技能。在教学实践中，教师要加强和培养自己的教学研究意识和能力，充分考虑到不同课程之间的差异，用不同的激励方法对项目活动进行统一的学科管理与运作。

（5）教育观念创新的具体做法

教育观念创新要与教学实际密切结合，要以教学实际为出发点。只有真正了解教学的实际情况，才能把握教学的具体细节和问题，不断强化教学理论和教学内容的针对性与时效性，更好地领悟学科教学内容以及出色地驾驭教学实践活动。只有这样，才能培养出能够深刻认识学习规律，将理论与实践高度结合的高素质人才。

建设新的教育体制，包括建立新的教学机制、开拓新的学科和推进新课程的开发。教育体制要在提高教育质量和教育效果的指导下，敢于尝试，不能因循守旧，要调动教师的积极性，让他们有精力、有动力投身到教育创新中去，例如成立校董会、创办校际联合体等。课程设置要灵活多样，要在教学实际的基础上进行灵活配置，切忌墨守成规，不知变通。学科建设要多方位覆盖，适应社会发展的需要。

我们应该注重培养和提高教师的学习能力，使他们具备扎实的专业理论基础和独立研究的能力。学习技能的提高不能局限于教学设计、课堂教学、教学媒体的应用和教学研究等，还应着眼于如何培养教师开发新课程、研究新教学理论的能力。

加强教育与社会的联系。教育的本质是为社会提供优质人才，服务社会发展，教师应多与家长沟通，引导学生积极参加社会实践活动，如开展问卷调查、宣传社区环境知识等。这些社会活动可以帮助学生了解社会环境，以便他们日后能够更好、更快地融入社会。

教育观念创新要与我国社会的改革开放步调一致。只有了解了我国改革实践的经验,才能厘清我国改革的现实基础和理论基础,才能进行适应我国社会现代化发展的教育创新。

3.高校思想政治教育观念体系的创新

社会水平的提高促进了人才培养水平的提高,作为培养学生思想素质层面的思想政治教育,自然也有新的要求。

价值观的创新。大学生思想政治教育价值创新的主要目的是树立个人价值与社会价值内在统一的新价值观。在市场经济条件下,追逐利益最大化难免成为个人价值观的重要部分。从人生存发展的角度来说,物质是人维持生活的基础,也是获得其他发展的前提,个人的逐利行为无可厚非。这是当前思想政治教育工作无法回避的一点,尤其是市场竞争机制充分激发出人们获取个人利益的欲望,如果仍然对物质利益避而不谈,思想政治工作不仅难以取得成果,而且还会让人感到厌烦。

从根本上说,社会和国家的集体利益是人民的根本利益。个人利益和社会利益应该是有机的融合体,不应该对立起来。因此在我国,个人与社会是辩证统一的。个人的全面发展是以社会发展的各个方面为基础的,社会和国家要为个人的全面发展提供最有利的环境,保障个人的合法权益,达到个人自由的目标,必须处在社会共同体之中。同时,个人的全面发展又能促进社会的全面发展。这就使得我们确立个人价值和社会价值内在相互统一的新价值观时,既要满足社会发展要求,也要防范片面的唯社会价值观。要按照社会发展的需要,主动服从并维护社会和国家的利益,克服片面的唯社会价值观,实现自己的价值。

方法观的创新。思想政治教育方法应该是把教育者和受教育者结合起来,教育工作者应从思想政治教育方法的选择和运用入手,在教育者自身优势的充分发挥的基础之上,充分调动受教育者的积极性。

主体观的创新。传统思想政治教育中,受教育者的主动性和积极性受到了严重压抑。事实上,思想政治教育的过程不仅是教育者积极筹备以及实施教育的过程,也是受教育者根据自身的认知水平和发展需要开展自我学习的过程。

质量观的创新。创新思想政治教育质量观的主要目的是促进思想道德素质和科学文化素质全面发展。如果只重视科学文化而不重视思想道德素质,科学研究就会失去方向和规范,丧失人的主体性;如果只重视思想道德素质而不重视科学文化,那么培养出的人才就不能适应社会发展的需要,不能服务于我国提高生产力的要求,甚至使我国发展停滞。思想政治教育要坚持以人为本,充分发挥思想政治教育的双重功能,促进人和社会的全面发展。

（二）高校思想政治理论课教学模式的创新

教学模式是在一定教学思想或教学理论指导下建立起来的、较为稳定的教学活动结构框架和活动程序。高校思想政治理论课教学模式的创新一直是其教学改革的重要课题。随着新时期、新任务、新问题、新环境的产生和变化,尤其是在"互联网+"视域下,高校思想政治课教育教学必然要本着开拓创新、与时俱进和求真务实的精神,坚持从实际出发,积极探索新形势下高校思想政治课教育教学的新模式、新方法。

1. 开放性教学

在经济全球化的时代背景下,为了进一步增强思想政治理论课教学的针对性和实效性,国内各级各类高等院校经过多年的探索和创新,构建了"以学生为本"的高校思想政治理论课开放性教学新模式。①

（1）科学性

第一,高校思想政治理论课开放性教学是在坚持科学立场的基础上建构起来的。科学立场即实事求是的辩证唯物主义立场。高校思想政治理论课开放性教学是建立在科学立场上的教学模式。它要求思想政治教育工作者在思想政治理论课教学中,坚持一切从实际出发,按客观的教学规律办事,求真务实,做到"不唯书、不唯上、要唯实"。

第二,高校思想政治理论课开放性教学是以科学理论为依据的。马克思主义理论是人类历史上最科学的世界观和方法论,是追求真理,探索真理,揭示客观规律的行动指南。高校思想政治理论课开放性教学就是以马克思主义为理论基础的,马克思主义关于"以人为本"的思想是"以学生为本"这一新的教学理念的哲学基础。马克思主义既是科学的世界观,又是科学的方法论。高校思想政治理论课开放性教学就是以马克思主义为指导,运用马克思主义的科学方法论建构起来的。高校思想政治理论课开放性教学不仅以马克思主义为理论基础,而且批判地吸收了现代西方教学理论中的合理成分,比如人本主义教学论、建构主义教学论

---

① 张丹绮,高超.全媒体时代下大学生思政教育创新探索[M].长春:吉林出版集团股份有限公司,2019.

等,为思想政治理论课开放性教学提供了科学的理论依据。

第三,高校思想政治理论课开放性教学是一个完整的科学体系。它由"一个核心理念"与"三个基本要素"构成,层次清楚,逻辑严密,具有系统整体性特征,离开了系统整体性,就不能成为一个科学体系。高校思想政治理论课开放性教学新模式是一个有机的整体,"一个核心理念"与"三个基本要素"有机结合,缺一不可。

（2）和谐性

第一,教学主体的和谐。教师是"教"的主体,学生是"学"的主体。在开放性教学过程中师生是完全平等的,教师坚持"以学生为本",学生对教师十分尊重,师生之间互教互学、相互关心、相互爱护、相互帮助、相互理解,这样就形成了和谐的师生关系。只有形成和谐的主体关系,才能有效地开展开放性教学。

第二,教学内容的和谐。高校思想政治理论课目前是"4+1"的课程体系,即"马克思主义基本原理概论""毛泽东思想和中国特色社会主义理论体系概论""中国近现代史纲要""思想道德修养和法律基础",以及"形势与政策教育"。有效地开展开放性教学,必然就要求各门课程之间要协调统一、避免矛盾冲突,每一门课程的教学内容都要体现和谐性,各章节之间既要避免重复性,又要避免矛盾冲突。教材内容与新增教学内容要和谐统一,既要以教育为基础,又要吸收本学科研究的前沿成果,在和谐的基础上实现教学内容创新。

第三,教学内容与教学形式之间的和谐。高校思想政治理论课的教学内容是多样的。唯物辩证法认为,内容决定形式,形式为内容服务。这就要求思想政治教育工作者根据教学内容的特点选择与之相适应的教学形式。例如,"中国近现代史纲要"的教学内容具有历史性特点,故而要求采取历史事件专题式、历史名胜参观式等教学形式来进行教学,这样既可以增加学生的兴趣,又能提高教学质量。

第四,教学方法与手段的和谐。开放性教学模式的教学方法具有灵活性,因此各科学方法必须协调统一。要做到教师讲授与学生发言的协调统一、理论教学与实践教学的协调统一、专题式讲解与研究型教学的协调统一、课堂理论教学与课外文化活动的协调统一、传统教学手段与现代教学手段的协调统一。通过教学方法与手段的和谐统一,来增强思想政治理论课教学的吸引力和感染力,提高教学的艺术性。

第五,教学实践与教学环境之间的和谐。思想政治理论课教师只有认真研究和分析国内外形势、社会环境、校园环境、网络环境及其对大学生的思想影响,调查研究大学生和社会公众普遍关注的热点和难点问题,并通过课堂教学有针对性地加以解释,方能增强教学的现实针对性和实效性。

2.反思性教学

所谓反思,顾名思义即自我省察,回顾的意思。就是行为主体对自身既往行为及相关理念自觉进行换位思考的认识活动和探究活动。反思的指向主要是过去的意识和行为,具有价值评判的性质。事实上,反思一词本身就含有"反省""内省"之意,从本质上来说就是一种批判性思维,即通过对自己的思想、自己的心理感受等的思考,审视、分析当前的认识活动。教学中反思的内涵是立足于教师自身之外的,是对教师自身的教学思维和行为的一种批判。反思既是为了回顾过去或培养反思的意识,也是为了指导即将在未来进行的教学活动和教学实践。反思不仅是内隐的思维活动,而且也是外显的实践行为,联系着思维和行动两头,并确保反思的结果能够在教学实践中得到检验。①

高校思想政治理论课反思性教学和传统教学相比,主要有以下几方面的特点。

目的明确性。反思性教学是教师对自身教学活动的元思维过程,是一种目的明确的研究过程。

科学探究性。探究即探讨和研究,是人们认识、理解和改造周围世界的重要方式。反思性教学观是建立在现代教学理论基础上的科学教学观,基本观点与传统消极学习观相对立。它以探究和解决教学基本问题为基本点,因而具有探究的性质。另外,反思是在回忆或回顾已有的心理活动的基础上找到其中的问题以及答案,也就是从自己活动的经历中探究其中的问题和答案,重构自己的理解,激活个人的智慧;不仅解决问题,更注重学习创造性与主体性人格培养,并以此作为反思性教学的主要目的。

对话合作性。反思性教学的主体包括教师个人与集体、学生、专业研究人员。教师个人与集体、学生、专业研究人员是实施反思性教学的四个核心要素。构成了反思性教学的四位一体关系。教师个人的自我反思、教师同行间和师生间的合作对话、专业研究人员的专业引领以及全员跟踪推进,是实施反思性教学的四种基本力量,缺一不可。

实践操作性。反思性教学以解决问题为基点,立足于教学实践行动

---

① 蔡田,李翔宇,贾伟杰.高校思想政治教育前沿问题探究[M].北京:中国书籍出版社,2014.

中客观存在着的真实问题,得益于行动研究的实践运用。反思性教学过程中的行动研究是实践和反思相结合的研究。

反思性教学与常规教学相比具有许多优势和特色,然而,反思性教学在思想政治理论课中的应用还属于"新生事物",在应用中可能会遇到诸多的问题和挑战,需要注意从以下几个方面来加强反思性教学。

将教师主导作用和学生主体地位相统一。反思性教学的目的主要有"学会教学"和"学会学习"两个方面,因此,要充分发挥教师的主导作用和学生的主体地位,实现教与学的统一。反思性教学过程既是知识的传递过程,也是知识的生成、创新过程。教师和学生在知识的生成过程中是平等的主体,教师的职能由教转为导,教师不再是单纯的知识传递者而是学生学习的组织者、促进者、辅导者,师生应形成一个"学习共同体"。教师在指导学生学会通过各种渠道获取知识,储存知识外,更重要的是要引导学生学会选择。判断、运用,创造知识,保证学生正确的学习方向。要将学生置于课堂的中心位置,同时教师要深入学生中去,创设师生之间、学生与学生之间平等、和谐、民主的学习氛围,建立起民主平等、相互信赖的关系,师生以平等的身份参与教学,从而最大化地发挥学生的学习积极性。在教学过程中教师要面向全体学生,给他们以主动参与教学活动及表现、发展能力的机会,在师生间、生生间观点和思想的交流中促使学生反省、反思,调动学生的情感、兴趣、意志等非智力因素,让学生在问题的情境中发现问题,提出问题,解决问题,整个过程教师只是给予学生系统的指导。

加强对信息收集处理的指导。思想政治理论课属于人文学科,有综合性、多样性的特点。其教学内容与社会生活息息相关。每一个置身于社会生活之中的人,都会对各种社会现象形成自发的、朴素的认识。当前,世界经济全球化和政治格局多元化。国内多种经济成分和多种分配方式并存,伴随而来的是社会分化为多种利益群体和不同阶层,社会组织形式多样化,生活方式多样化,就业岗位和就业方式多样化。这些社会存在反映到社会意识中,就表现为价值取向的多元化。来自社会现象的各种信息以及教学主体的多元化价值观念,都是丰富的教学资源。教师要加强对学生信息收集处理的指导,提高学生思考、诘问、评判、创新知识的能力,以实现教学实践的合理性。

获取信息的途径有很多,既有物力的,如教科书、博物馆、遗址、纪念馆、文化馆、自然和人文景观等,也有人力的,如教师、学生、家长等;既有校内的,如图书馆、教室、实验室等,也有校外的,如展览馆、博物馆、历史遗迹,现代化新农村等;既有显性的,如教科书、文献、网络、图片、录像、影视作品等,也有隐性的,如爱国精神、献身精神、奉献精神、教师的反馈、学生的反馈等。教师要引导学生走出教科书,走出课堂和学校,开阔学生的视野,使之得以直面海量的信息,这样就可以有效地克服以往思想政治理论课课堂信息狭隘的局限性,提高教学效率。在此基础上,教师如果能进一步指导学生对这些信息资源进行去粗取精、去伪存真、由表及里、由此及彼地筛选、比较、确定,很好地加以利用与开发,那么对高校思想政治理论课反思性教学将大有裨益。

注意加强对结论多样性的保护。反思性教学要求教师学会促进以学习能力为重心的学生整体个性的和谐健康发展。这就要求教师要与学生真诚地沟通,尊重学生的人格,营造民主、平等、开放的氛围,让学生畅所欲言。保护结论的多样性,一是要承认学生的独立思考和探索是有意义的;二是学生对教师的观点提出质疑,发表不同的看法时,教师要清醒地意识到这是学生生命自主意识积极活动的表现,应加以激励和表扬,不要认为是对自己的不尊重而予以严厉批评;三是要解放学生的思想,给学生提供积极的个性化思考和自主探索的时间和空间。

教师要注重提高自身的素养。课堂教学是一门存在遗憾的艺术。一堂课很难做到十全十美,即使课前精心准备,深思熟虑,课上运筹帷幄,精彩纷呈,但是课下细细琢磨,总会有令人感到遗憾,需要弥补之处。科学、有效的反思可以减少遗憾。反思性教学是教师专业发展和自我成长的重要途径。在教学中,教师要不断反思自身的教学观念。反思性教学的本质是一个"提出问题—探讨研究—解决问题"的过程。教师以问题为情境,自觉地把自己的课堂教学实践作为认识对象,进行全面、深入、冷静的思考,再以体会、感想、启示等形式进行总结。经常反思,多思则活,思活则深,思深则透,思透则新,思新则进,不断形成自我反省的意识,不断加强自我监控,不断丰富自我素养,不断提升自我发展的能力,从而由教书匠发展为教育家、研究者,并逐步完善自身的教学艺术。

四、新时期高校人才培养创新体系研究

随着时代的飞速发展,互联网正源源不断地为社会创造出更多的机会,成为社会的重要推动力量,将教师与互联网进行有机结合,对高校学生就业和我国互联网经济的发展有着重要的意义。①

---

① 顾博.探索中国优秀传统文化与大学生思想政治教育的融合[M].北京:九州出版社,2018.

（一）新时期加强思想政治课教师队伍素质培养意识的确立

素质教育意识的确立，是现代教育理论中的一个重要命题，也是新时期思想政治教育理论研究的创造发明。人才综合素质不仅决定了社会的发展动力，也决定了社会的文明程度。

1. 树立现代意识

以前，思想政治教育工作过分强调政治性，给人们的印象就是关注时事政治或者熟练背诵马列主义等经典著作，并强调社会性在思想政治教育工作中的主导地位，而忽略了人们的主体发展需要。长此以往，思想政治教育被束之高阁，严重脱离实践，给学生的感觉是高不可攀的。事实上，思想政治教育要注重培养学生的主体性，鼓励个人素质的发展，让学生树立以社会主义思想为核心的现代意识。

主动意识。现阶段思想政治教育的发展应把握发展趋势，突出战略层面的主动性特征。以往思想政治教育的效果并不理想，从根本上说，是因为工作不积极，问题难以解决。要改变这种不利局面，就必须增强思想政治教育工作者的主动意识。一是了解个体需要，满足个体需要。要将思想政治教育的理论与实践结合起来，根据学生思想的变化及时调整和优化工作；二是积极顺应形势，根据时代发展的要求，不断调整工作方式和内容，以适应国内外形势变化。三是因材施教。要对学生的身心发展水平和思想道德素养有一个基本的了解，根据不同对象的不同特点，有针对性地采取一系列措施，以满足不同对象的需要。

全民意识。思想政治教育不仅面向大学生，更是面向全体人民，是全体人民的共同事业。中华民族伟大复兴的事业要靠人才去实现，我们需要认识到加强思想政治教育的紧迫性和必要性，让全社会的成员积极参与进来并融为一体，在全社会形成有效的管理和运行机制，实现思想政治教育与社会实践的有机共生。

预测意识。思想政治教育要具备预测意识，不仅要关注当下的理论和实践，也要能够预测未来的发展趋势。一是要超前研究人民群众关注点的发展趋势，努力把思想政治教育与人民群众的需要和愿望结合起来；二是要客观准确地预测自然科学和社会科学的发展给人们思想道德建设带来的影响；三是要预测社会改革给人们带来的思想变化。只有做出科学、准确的预测，思想政治教育才能适应形势的变化，而不被时代摒弃。

价值意识。在中国特色社会主义制度下,个人价值和社会价值是高度辩证统一的。社会价值是个人价值的基础,个人价值又促进社会价值的发展。因此强化大学生思想政治价值意识就显得格外重要,要让学生把个人价值与社会价值结合起来,真正从服务社会的角度去实现个人价值。高校可开展相关活动,组织、引导学生进行有意识、有目标的素质训练。

时代意识。时代意识是指大学生思想政治教育要始终把握时代的脉搏,从时代的角度全局性地掌握学生的培养目标。

一是要树立创新意识。现代社会高强度的竞争,提供了创新意识的现实土壤。思想政治教育要在马克思主义的指导下,把课堂教育与社会实践结合在一起,创造性地开展实践活动,而不应该仅仅专注于开办讲座、作研究、作解释。

二是要树立发展意识。世界上所有事物都处于不断发展变化之中,在经济全球化的大背景下,各国政治、经济和文化都处于不断的竞争和融合之中。因此,思想政治教育要顺应时代发展的潮流,努力培养适合社会发展需要的现代化人才。

三是要树立开放意识。随着自然科学和社会科学的发展,各个学科的边界越来越模糊。思想政治教育不是闭门造车,应以开放的态度,借鉴其他学科研究成果,创建新的教育体系和教育观念。

四是要树立多样化意识。在当前社会条件下,思想政治教育的教育者和受教育者还存在着对立和矛盾,灌输式的教育模式依然存在。只有增强受教育者的自主性、独立性和可选择性才能提高受教育者的积极性,要运用多样化的方式方法,提高教学手段的艺术性和趣味性。

2. 形成前瞻心态

前瞻心态就是思想政治工作要面向未来,要激起学生对未来的美好向往,激发大学生的积极性、主动性,让学生脚踏实地学习科学文化知识,提高思想道德修养,不断向新时期社会对人才素质的要求和标准靠拢。

前瞻意识是当前思想政治教育的一个重要方面。学生生长在不同的家庭环境和社会环境中,在身心发展水平、思维方式、思想素质和道德修养方面存在着巨大的差异,这决定了他们在对待问题的态度和处理问题的方式方法上的不同。即便处在同一个校园环境中的学生,也可能具有不同的思想状态,所以就出现了多元化的发展方向。有些学生遇到问题倾向于寻求朋友的帮助,有些倾向于寻求家长帮助,而有些倾向于在互联网上咨询。

思想政治教育工作者要正确、有效地分析和解决问题,就要考虑这种情况。如果对一些情况有具体了解,就能够超前地预测可能出现的各种状况,预先想到学生能想到的或可能会想到的各种问题并进行分析,从而及时有效地进行解决,甚至可以在问题的萌芽期就能积极遏止。

3. 扩大国际视野

在互联网时代,信息爆炸、科学技术迅猛发展,国际交流频繁,国与国竞争日益激烈,如果没有国际视野,就很难跟上时代发展的潮流。思想政治工作也必须引领学生面向国际、面向世界,用国际视角看待问题。思想政治教育工作者肩负着培养社会主义接班人的重要责任,必须将思想政治教育深深扎根于优秀传统文化之中,才能以从容不迫的姿态走向世界。

为了迎接时代的挑战,我们要加强对新技术。新知识、新事物的敏感度,提高创新能力,提高综合国力。还要学习西方国家的先进文化,吸收科技文化知识的精华来进行人才的培养。学习外语,提高与世界沟通的能力,在国际上展现中华民族的风采。

4. 强化现代观念

强化现代观念是指思想政治教育要运用现代化的科学理念和技术手段,包括教学设备、教学理念、师资队伍建设水平、教育方法和教学管理制度等的现代化。

强化现代观念首先要树立开放意识,无论理论上还是实践上,封闭都不能成为高校思想政治工作的一种方法,要在党的路线、方针和政策的指导下,逐步打开各种学科的大门,广泛借鉴各个学科的知识,提高高校思想政治理论的多样性和深度。其次,要加大教育费用的投入,加强师资力量和教学设备建设,提高教学效率和质量。再次,推进建设现代化的教学管理制度。最后,要转变思想政治工作的思维方式,实现工作技能的现代化。

当然,思维方式的现代化也是开展思想政治工作所必不可少的条件。人们主要以科学的思维方式理解客观世界,只有具备完备的理论思维体系,才能在思想政治工作中摸索出新的方法和途径,才能让中华民族屹立于世界民族之林。

（二）新时期高校思想政治教育师生关系的变化

思想政治教育所面对的是活生生的人，而教育的目的就是要引导人们追求更加美好的生活和更加精彩美丽的人生。因此，思想政治教育是最具有魅力和生命力的教育活动。①

1.思想政治教育者与教育对象的基本认识

思想政治教育者。思想政治教育者是思想政治教育活动的组织者，根据一定阶级、政党意识形态的要求与教育对象的思想行为状况确定一定时期、一定阶段思想政治教育目标的任务，选择相应的教育内容，并根据教育目标、内容和环境条件，建立健全有效的思想政治教育机制。

思想政治教育者的主体地位决定了其在思想政治教育中的属性。一是主导性，思想政治教育是一项意识形态性很强的工作。面对越来越严峻的意识形态领域的斗争，思想政治教育者要勇担重任，深刻理解和积极宣传党的方针政策，永远跟党走，传播正能量，保证思想政治教育各个环节、各个方面都沿着正确的方向发展。二是示范性，思想政治教育者在教育教学环节内外，都要以身作则，率先垂范。思想政治教育者面对新时期快速变化而又错综复杂的社会现实，必须从自身做起，自觉树立牢固的政治意识、大局意识、核心意识、看齐意识，用自身健全的世界观、人生观和价值观以及教育者自身高尚的品行，积极对待生活的态度等，潜移默化地影响每一个受教育者。三是创造性，思想政治教育者承担着传道授业解惑的角色，在教育活动中，必须不断探索，将阶级、政党意识形态要求的思想观念、政治观点和道德规范与教育对象的具体实际相结合，制定切实可行的教育方案，并付诸实施。

总之，思想政治教育者需要面向未来，跟上时代发展步伐，站在社会发展规律和发展趋势的高度富有开创性地将理论与实际结合起来，引导、提升教育对象的思想政治素质。

思想政治教育对象。思想政治教育对象是指在思想政治教育活动中作为教育者活动对象的人。思想政治教育对象的群体指具有某一共同点的个人组成的整体，如青少年这一群体作为国家的未来和民族的希望，是党和人民事业发展的推动力量，具有较强的可塑性，是思想政治教育的重

---

① 马云霞.《"互联网＋"时代高校思想政治教育研究[M].北京：人民日报出版社，2017.

点对象。

思想政治教育对象在教育活动中居于接受教育者的教育引导的地位,在教育过程中起着自主参与、主动内化外化的作用。在教育过程中,思想政治教育必然是教育者主体作用于教育对象的活动,也就是教育者实施教育、教育对象接受教育的活动。与此同时,教育者为保证教育活动的有效性,必须从教育对象思想品德的现实状况出发,根据教育对象的思想政治状况与社会主流意识形态要求的差距,确定教育目标、内容、方法,以及实施教育。

在思想政治教育过程中,教育对象具有受控性、能动性、可塑性等特点。思想政治教育对象是有思想和情感的人,且具有主观能动性。因此,教育对象在参与和接受思想政治教育活动时,是有目的、有主见、有选择、有创造地接受教育,要努力将教育内容内化为自己的思想观念,外化为行为习惯。此外,思想政治教育对象的思想政治品德通过思想政治教育是可以发生变化得到提升的,从而实现个人发展,促进社会进步。

总的来说,思想政治教育者与教育对象是思想政治教育的两个基本要素。教育者与教育对象之间良好的关系能让教育对象产生自我开放的心态,更好地接受教育者的教育和引导,使两者沟通更加顺畅。同时,也更能激发教育者与教育对象参与思想政治教育活动的积极性,实现在教育过程中两者之间优势互补、相互促进的良性发展。

2. 互联网环境下高校思想政治教育师生关系的转变

新时期,思想政治教育者与教育对象依旧是思想政治教育的两个基本要素,在高校思想政治教育工作中,思想政治教育者与教育对象主要就是指高校教师与大学生。高校教师在开展思想政治教育、实现教育目的的过程中,需要通过互联网这个中介和载体,运用互联网思维,有意识、有计划、有步骤地影响和改变大学生的思想和行为。

师生互动时空的改变。互联网技术的发展,创新了在互联网环境下思想政治教育师生之间相互交流、沟通和作用的方式。随着"互联网+"行动的深入开展,思想政治教育的时空限制被完全打破,教与学可以不受任何地理条件的限制,知识传播和知识获得渠道变得灵活多样。同时,借助互联网平台,思想政治教育使得师生之间经常处于一种时间和空间上分离的状态。只要借助互联网这个纽带和中介,就可以将网络两端的师生连接起来,并通过互联网来交流、互动。思想政治教育师生互动时空界限的打破,让互联网成为思想政治教育和师生互动的重要场域和特殊环境,促使大学生对信息自由交流和自主选择的权利与能力不断提升,信息流动更加迅速,大大提高了师生之间交流、互动的频率。因此,师生互动变得无时不在,无处不在。

师生互动形态的改变。互联网世界的符号化、数字化传播构建了一个区别于真实生活的虚拟世界,让身处在互联网这个思想政治教育特殊场域的师生具象隐藏了起来,改变了思想政治教育师生在教育过程中真实在场互动的方式,使人们的互动方式变成了信息化在场。

在互联网教育中,师生难以通过互联网所架构的虚拟世界来全面、真实地探寻各种信息背后所隐藏的真实个体的表情、动作、暗示、情感等复杂内涵,致使思想政治教育在思想、情感上的沟通和共识、共鸣难以达成,思想政治教育者的示范作用的发挥也受到限制。

师生互动关系的改变。互联网平台的信息呈现开放、交互、平等的特征,网络各个节点之间的联系是随时随地、自愿、平等的互联。互联网催生了一种崭新的人际交往方式和社会现象,互联网的虚拟环境和大众平等参与消除了人际交往中地位、行业等的差别和界限。因此,互联网与思想政治教育的融合,使得思想政治教育的师生双方角色虚拟化,双方关系摆脱了以往教育者居高临下、单方面作用和控制教育对象的单向教育模式。

在互联网世界里,思想政治教育者与教育对象之间、教育对象与教育对象之间以及教育者与教育者之间均可以通过互联网进行多向的交往、沟通与互动,在相互碰撞和比较中加深对事物和现象的认知与理解。

3. 互联网环境下思想政治教育师生关系的处理

发挥好教师在思想政治教育中的主导作用。要做好高校思想政治工作,在高校思想政治教育领域落实"互联网 +"战略,需要因事而化、因时而进、因势而新,培养一支专业化和职业化齐备、研究水平和实践能力同高、理论素养和工作本领俱佳的思想政治教育的教师队伍。高校思想政治教育工作者需要积极应对"互联网 +"思想政治教育的挑战,提高思想认识,转变教育理念,提升育人技能。[①]

高校思想政治教育工作者要加强自身建设。高校思想政治教育工作者首先要当好学习者,主动学习,做到教育者要先受教育。高校思想政治

---

① 李学昌 . 高校大学生思想政治教育理论与实践创新路径研究 [M]. 长春:吉林出版集团股份有限公司,2021.

教育工作者要坚定共产主义远大理想和中国特色社会主义共同理想,坚持中国特色社会主义道路自信、理论自信、制度自信、文化自信,努力做好先进思想文化的传播者、党执政的坚定支持者;要注重自身的师德师风建设,坚持教书和育人相统一,坚持言传和身教相统一,坚持潜心问道和关注社会相统一,坚持学术自由和学术规范相统一,要做到自己明道、信道,做好大学生人生道路的引路人、学习的指南者和生活的护航者。面对"互联网+"的挑战,高校思想政治教育工作者要运用新媒体技术进行思想政治教育工作。

高校思想政治教育工作者要主动了解大学生的实际需要。思想政治教育工作者要主动运用互联网,以平等网民的身份接近、接触大学生,缩小与大学生之间的地位势差,培养与大学生之间的亲近感。利用大数据分析不同大学生思想情感表达的差异以及形成这些差异的原因,从而更有针对性地做好大学生个性化的思想政治教育工作。

高校思想政治教育工作者要按照社会发展需要,教育、引导、塑造当代大学生。高校思想政治教育工作者要抓好马克思主义理论教育,充分展现中国特色社会主义大学的鲜亮底色。要向大学生讲述、传播、阐释中央大政方针、四个全面战略布局和五大发展理念,引导大学生正确认识时代责任和历史使命,激励大学生自觉把个人理想追求融入国家、民族的事业发展中,勇做走在时代前列的奋进者和开拓者,为实现"两个一百年"奋斗目标,为实现中华民族伟大复兴的中国梦而努力学习,贡献力量。

充分调动大学生在接受思想政治教育中的能动性。大学生是能够独立思考、做出判断的自然人,利用互联网聊天交友、获取新闻、消费购物已经成为当代大学生的生活常态。面对"互联网+"行动的挑战,要增强"互联网+"时代思想政治教育的有效性,需要充分调动大学生接受思想政治教育的能动性、积极性,促进学生变被动接受教育为主动学习。

高校思想政治教育工作者要注重在思想政治教育过程中的教学相长,对大学生提出的思想观点要进行大胆回应、讨论和交流,丰富大学生的思想,推动其进行深度思考。高校思想政治教育工作者要对大学生充分信任,重视大学生中一些在"过来人"看来可能幼稚、粗浅的问题,鼓励他们敢于积极主动找寻问题、发现问题、提出问题,并积极寻求解答问题的途径,增强大学生在思想政治教育过程中的自我意识和主动参与意识。

高校思想政治教育工作者要注重鼓励大学生敢于将其在思想政治教育中获得的思想启迪与其他人进行交流、沟通和互动,促使其自觉成为主动的思想导向者、舆论引导者和价值引领者。让大学生之间能相互影响、相互帮助,汇聚大学生群体内部强大的正能量。

要注重大学生的自我教育。在"互联网+"时代,高校思想政治教育要充分尊重学生的自主性和能动性,相信学生有能力自己管好自己。高校思想政治教育工作者不仅仅是教育过程的设计者和主导者,更是大学生自我成长和自我教育的推动者。"互联网+"思想政治教育要求广大教育工作者要注重引导大学生自觉、主动、经常地对自己进行思想政治教育,推动大学生能从互联网世界中获取更加有用的信息、知识和思想营养,不断提升自身的思想政治素质,成为名副其实的思想政治自我教育者。

在实践中促进教师与学生之间的平等交流。"互联网+"时代尊重人性、开放平等的特质,要求思想政治教育工作要适应时代发展趋势,打破自上而下的单一教育模式,建立师生平等交流的新型模式,以提高"互联网+"思想政治教育的实效性。一方面,思想政治教育者与教育对象具有对等的社会地位,享有相同的公民基本权利。在高校思想政治教育活动中,师生之间要相互尊重。另一方面,思想政治教育者与教育对象还享有在思想政治教育活动中自由发表意见的权利。在高校思想政治教育活动中,教育工作者和大学生都要能充分表达自己的意愿,要善于理解对方、相互包容,主动献策、密切配合,克服大学生片面强调权利和自我意识,而不主动配合教育者工作的思想与行为。此外,教与学是教育者与教育对象的职责,职责的不同决定了教育者的主导作用和教育对象的主动作用。

(三)新时期高校大学生社会适应能力的培养

思想政治教育要注重创新能力的培养。事实上,创新是人的本性,是人的第一需要,也是最高层次的需要。只有在创造活动中,一个人才能获得真正的自由,才能成为一个真正的人。我国传统教育过分强调集体教育,缺乏对学生自主性的培养,更谈不上培养创新能力和创业意识,这正是我国科技水平落后的主要原因。创新一方面能推动人创造能力的发展,另一方面也会对社会的进步和发展产生重大影响。

国家的创造力决定着一个国家的命运和地位。培养学生的创新能力是全球共识,它也是提高我国综合国力的关键。我国将培养创新意识作为提高全民素质的历史任务。因此,思想政治教育工作应该着重培养大学生的创新意识、创新精神和创业意识,鼓励学生开展发明创造和自主创业等实践活动,让学生在实践活动中自觉提高自己的创新能力。还要培养学生的主体性,激发学生自主学习的能力,鼓励学生提出自己的想法和意见,并敢于坚持真理。

当前我们开展思想政治教育工作的目的是培养大学生的道德修养和

思想品质,并付诸实践。因此,思想政治教育开展时,一方面,要向大学生系统讲解道德真理,另一方面,要在积极正当的引导下,鼓励其深入思考,得出正确的道德判断。

(四)新时期高校思想政治教育为大学生就业创业的服务

随着我国经济社会发展的加速,高校教育为大学生就业创业服务,大力推进了应用型人才的培养。高校思想政治改革建设过程中必须认真思考人才培养,突出实践应用能力、创新创业能力的培养,更有利于大学生就业创业。

1.高校思想政治教育为大学生就业竞争力的提升服务

高校思想政治教育与大学生就业竞争力有着密切关系,如何通过加强思想政治教育来提升应用型人才的就业竞争力,是高校思想政治教育工作需要积极探索解决的重要问题。

高校思想政治教育与大学生就业竞争力的关联性。在充满竞争的就业职场上,脱颖而出获得认可、找到发挥自己才能的工作岗位、在实际工作中也能够胜任这份工作等都是大学生就业竞争力的表现。所以,就业竞争力是强调大学生在群体间相互竞争中体现出的自己的能力,也只有竞争才能表现出这种基于就业能力的能力。

思想政治教育对培养大学生就业竞争力具有不可替代性,它决定着大学生科学文化素质、专业素质、身心素质等的发展。思想政治教育培养了大学生良好的思想道德素质,在提升大学生就业竞争力中具有不可替代性。思想政治教育致力于提升大学生就业竞争力,高校依社会需求培养人才,使大学生有能力到各行各业实现就业。这就必须发挥思想政治教育的作用,为大学毕业生就业竞争力的提升提供有效服务。

思想政治教育提升大学生就业竞争力的途径。高校要加强大学生就业竞争力意义认识的思想政治教育,立足于大学生的实际需求,调整思想政治教育教学理念,渗透和拓展就业竞争力的内容,引导大学生深化对就业竞争力的认知,从而增强就业竞争力提升的自觉性。对大学生就业竞争力的培养,作为思想政治教育工作者必须有相应的专门知识和技能。

从就业竞争力培养着手,开展个性化的思想政治教育。思想政治教育面向全体大学生的共性教育,不能满足一些大学生的个性化需求。高校对人才的培养应强调实践动手能力的培养,增加课程、教学以及实习单位中相关的实习,提高大学生就业竞争力。通过思想政治教育在实践教学环节的有效融入,极大地提升了实践教学的效果,也促进了就业竞争力的培养。

思想政治教育提升大学生就业竞争力的着力点。在进行思想政治教育提升大学生就业竞争力时,应了解大学生择业观中存在的问题,引导大学生转变就业观念,拓展素质,提高就业能力。

多数大学生在择业时,"贪大、攀高、求好",一心向往大城市、大单位,追求高薪福利待遇与生活环境,期望值过高,从而造成了择业困难:过分看重经济效益,对收入、福利待遇的考虑往往会成为主要因素,会造成择业的盲目性;过分追求职业安全感和稳定性的心理,显然影响了大学生对职业的选择。

思想政治教育要引导大学生转变就业观念。首先,引导大学生合理确定择业期望值,对自己有一个客观的评价,让他们择业时扬长避短、趋利避害,选择与自己相匹配的职业岗位和工作单位,抛弃过高期望,为自己争取到就业机会;其次,大学生找准就业的目标,要认清社会的需求,根据社会需要找准就业目标,就业目标与社会要求相符,才能顺利实现就业;再次,大学生树立先就业、再择业的观念,要通过教育引导使大学生认识到,顺应市场经济规律,树立先就业后择业的理念,在就业中锻炼自己、寻找新的择业机会;最后,一些大学生竞争意识不强,不愿或不敢积极参与择业竞争,对此,应加强引导思想政治教育,使学生认清职场,勇于竞争、敢于竞争,充分显示自己的才智。

大学生内在的素质与能力决定着就业竞争力的提高。针对一些大学生不注重思想道德修养、不重视提升自己的综合能力等现象,思想政治教育要引导大学生认识到,只有增强学业实力,在择业时才有竞争力,让大学生从入校开始就重视能力与素质的提升。思想政治教育部门要与就业指导部门相配合,展开深入调研,为学校教育部门和各院(系)改革人才培养模式提供依据,借此对大学生进行教育引导,促使他们及早规划自己的学习和素质能力发展方向与目标。

2. 高校思想政治教育为大学生创业意识和能力的提升服务

高校人才培养的重要目标和内在要求,是大学生创业意识和创业能力的培养,这期间思想政治教育发挥着重要作用。①

创业意识是大学生创业成功的前提。创业意识指在创业实践活动中对创业者起推动作用的思想意识倾向,如创业动机、兴趣、理想、信念等要素,是创业活动的动力之源。

首先,创业意识不强。多数大学生缺乏创业意向,据调查发现,半数大学生毕业后不会考虑创业,只有十分之一的大学生对自主创业有信心。大学生创业心态消极。其次,创业意识的品质不优,没有坚强的意志、远大的理想、坚定的信念、强烈的责任等良好的创业意识品质。有关调查显示,半数以上的大学生认为自己的创造性、开拓性不足,独立性、精密性、预见性不够,只有少数大学生认为自己的变通性较好。最后,创业意识不成熟。创业意识是否成熟决定了大学生对待创业活动的态度和行为,也制约着大学生创业行为的方向和力度。

大学生创业意识形成原因分析。大学生创业意识不强、不优、不成熟等现象的原因是多方面的,归纳起来主要有以下几点。

全面系统创业教育的缺乏。从高校调查来看,只有少数学校开设了专门的创业教育课程,多数学校只是粗略地涉及创业教育内容,而且缺乏规范的创业教材,很难对大学生进行全面系统的创业教育。高校创业教育缺乏高水平的创业教育师资,多数高校的创业教师多是辅导员或专业教师兼任,缺乏创业教育的深入研究,从而影响了大学生创业意识的形成与优化。创业实践锻炼缺乏,创业实践锻炼可以使大学生体验到课堂教育无法体验的困难和问题,而对这些困难和问题的解决过程,就是创业意识和创业能力增强的过程。

创业教育实效性差。首先,创业教育目标功利化,导致教育推进缺乏整体性。创业教育目标设定功利化与创业教育要求相悖,这是问题的根源所在。其次,创业教育行为活动化,导致教育缺乏连续性。再次,创业教育精英化,导致教育参与者缺乏广泛性。高校在开展创业教育时会受到各方面条件的限制,导致只有少数学生能够得到受教育机会,出现了创业教育精英化现象,大部分学生无法受益。最后,创业教育考核粗放化,导致教育组织缺乏规范性。创业教育目标功利化、行为活动化,导致考核的粗放化,忽略了对创业教育过程的考核。

大学生创业意识培养应有的内容。就实际来看,大学生创业教育应重点培养和强化、优化创业意识,使大学生创业意识的培养成为高校思想

---

① 汪元宏,蒋德勤,王有炜.高校应用型人才思想政治教育改革探索[M].南京:南京大学出版社,2013.

政治教育创新的着力点。

思想政治理论课实践教学环节中安排与创业教育有关的社团、社会实践活动,激发大学生的创业精神和创业意识。结合心理健康教育,加强大学生创业情商培育,优化创业心态,帮助大学生疏导创业过程中的心理压力,使其塑造良好的创业意识品质。

培养在校大学生的创业意识,编写突出创业意识培养的创业教育教材,加强教材建设。强化、实化创业意识培养,科学设置创业教育模块。如安徽科技学院实行全新的应用型人才培养方案,构建了"平台+模块"的课程体系。

大学生创新能力的培养。大学生创新能力的培养是一个复杂的系统工程,其中提高良好思想道德素质是灵魂工程,决定了思想政治教育在大学生创新能力培养过程中必须充分发挥作用。

创新创业人才素质结构由基础素质和特殊素质两部分构成。基础素质包括思想道德素质、科学文化素质、专业素质和身心素质;特殊素质包括创新素质、创业素质、实践智能素质。

思想政治教育为大学生创新活动提供了有效的思想保障,确保人才的创新活动保持正确的价值取向。科学的思维方法是良好的思想道德素质应有的重要内涵,也是创新型人才必备的思想道德素质内容。高校思想政治教育要对大学生树立远大而坚定的理想信念教育、引导大学生把个人创新和国家发展结合起来,让大学生以创新为己任,敢于开拓创新,为建设创新型国家而贡献自己的聪明才智。

加强思想政治教育培养大学生创新创造精神,为创新活动提供精神动力、思想保证和科学的思维方法;加强创新创造知识教育,培养大学生必需的创新意识、思维以及方法,从而推动大学生创新实践;推动大学生创新能力培养要重视营造创新文化氛围。举办创新创业学术报告会和创新创业设计大赛等活动,熏陶大学生创新创业意识,增加学校创新创业文化的氛围。

3. 高校思想政治教育与心理健康教育相结合培养大学生健康人格

高校人才的培养要更注重学生人格的塑造,只有拥有健康向上的人格,才能使大学生毕业后迅速适应社会环境和工作环境。思想政治教育应与心理健康教育相结合,培育具有坚强意志力和良好适应能力的人才。

提高大学生思想道德素质。随着社会的发展和改革,社会为大学生的成长、成才、成功提供了舞台,但是不同程度地加大了大学生的心理负荷,影响了他们的成长、成才、成功。因此,解决大学生精神、心理方面的问题成为高校思想政治教育的前提。

心理健康教育有助于提高大学生的思想道德素质,良好的心理素质是形成优秀品德的基本条件和形成思想道德品质的基础。思想道德教育有助于提升大学生心理素质,大学生正处于世界观、人生观、价值观形成的特定年龄阶段,同时又是心理疾病和障碍的高发人群,要预防、减少和解决大学生心理健康问题,提高他们的心理素质,就要进行心理健康教育。心理健康教育与思想政治教育有机结合,思想道德教育过程本身就是一个心理培养过程,培养人的知、情、意、行;思想品德的形成有其固有的心理机制,要遵循这些心理规律;思想道德教育具有心理调节功能。思想道德教育与心理健康教育的众多关联性是二者有机结合的科学基础。

大学生心理危机的预防与干预。大学生正处于心理发展变化时期,心理承受能力、应对能力和平衡能力还有待加强,因此,要对大学生开展生命教育,深入研究大学生心理危机的干预、自我调适与预防,就显得十分有必要。

危机干预策略和方法是建立在危机干预的模式上的,策略和方法因模式的不同而有所区别。认知模式适合于危机的中期阶段,是通过改变当事人思维方式,尤其是认知中的非理性和自我否定部分,实现对理性的获得并强化理性和自强的部分,从而对危机中的生活有所控制;心理社会转变模式,危机不仅仅是个体自身的,它的出现本身可能就与社会的或环境的困难有关,危机的恢复和消除也需要个体与环境共同作用。这种干预模式比较适合于危机干预的中后期,即稳定下来的求助者。耐心倾听是进行有效干预的前提。确定存在问题,倾听结束后,认真分析当事人的情况,判定和理解当事人遇到的实质性问题,才能有的放矢地采取干预措施。进行危机评估,评估贯穿于危机干预的全过程。同时给予当事人适当的激励,使其有足够的信心,相信自己有能力应对危机。提出行动建议,根据危机当事人实际情况,提出摆脱危机的行动建议。干预人员在行动计划的制订和实施过程中,要重视调动当事人的自控和自主性,使其知晓行动计划的实施,从而有助于恢复到正常情感状态。

心理健康发展性素质教育促进和谐健康人格的形成。构建大学生心理健康发展性素质教育模式,对于形成思想道德、科学文化、专业和身体等素质,都有极其重要的理论意义与实践意义。[1]

---

[1] 朱海东,于晓威.大学生心理健康教育[M].成都:电子科技大学出版社,2016.

参考文献

[1] 孙丽娟.新时期高校思想政治教育理论与实践 [M].延吉：延边大学出版社,2022.

[2] 韩振峰.新时代思想政治理论课改革创新研究 [M].北京：中央编译出版社,2021.

[3] 董康成,顾丹华.新时期大学生思想政治教育实践路径研究 [M].长春：吉林大学出版社,2022.

[4] 王东,陈先.新时期高校思想政治教育理论与实践 [M].北京：九州出版社,2019.

[5] 蒋海彬.大学生思想信息分析方法研究 [M].沈阳：辽宁大学出版社,2020.

[6] 燕艳.转型与发展信息时代下高校思想政治工作的创新与实践 [M].长春：东北师范大学出版社,2019.

[7] 刘永志,王媚.大数据在高校思想政治理论课教学中的应用研究 [M].咸阳：西北农林科技大学出版社,2018.

[8] 魏彬.大数据与高校思想政治教育艺术 [M].延吉：延边大学出版社,2018.

[9] 徐原,陆颖,韩晓欧."互联网+"时代高校思想政治教育创新研究 [M].秦皇岛：燕山大学出版社,2019.

[10] 杨学玉.新媒体背景下大学生思想政治教育研究 [M].北京：北京理工大学出版社,2019.

[11] 陈胜国.新时代高校思想政治教育创新发展研究 [M].北京：印刷工业出版社,2019.

[12] 王祥,吴海燕,唐雪雷.高校思想政治教育方法创新与有效路径探索 [M].北京：中国广播影视出版社,2018.

[13] 赵平,吕洛乐,韩冰.大数据时代高校思想政治教育创新研究 [M].长春：吉林文史出版社,2018.

[14] 郑磊.大数据时代高校思想政治教育的发展与创新[M].北京：中国商务出版社,2018.

[15] 杨大鹏,马亚格,罗茗.高校学生工作管理创新研究[M].北京：北京理工大学出版社,2019.

[16] 陈艳萍.大数据时代高校意识形态教育工作研究[M].徐州：中国矿业大学出版社,2018.

[17] 陈乐平,陈玉华,尹立孟,等.课程思政背景下创新创业人才培养新模式的探索与实践——以南昌航空大学航空制造工程学院为例[J].南昌航空大学学报(社会科学版),2022,24（2）：111-116.

[18] 林燕萍.基于新媒体下的微格教学对教育硕士教学技能的培养研究——以佛山科学技术学院为例[J].教育教学论坛,2019（4）：205-206.

[19] 王艺彤.长征精神对当代大学生思想政治教育的启示[J].现代交际,2021（4）：128-130.

[20] 潘昕言.中国共产党伟大建党精神融入大学生理想信念教育探析[J].世纪桥,2022（12）：77-79.

[21] 吴欣遥.以"中国梦"强化高校共青团思想引领工作的意义和路径探析[J].湖北科技学院学报,2014,34（5）：170-171+173.

[22] 邱安琪,鲁杰.思想政治教育在新时代的创新发展[J].黑龙江高教研究,2019,37（10）：42-45.

[23] 商爱玲.铸牢大学生的中华民族共同体意识[J].西南政法大学学报,2018,20（1）：3-8.

[24] 吴潜涛.充分发挥高校思想政治理论课"主渠道"功能[J].中南民族大学学报(人文社会科学版),2017,37（3）：1-3.

[25] 林仁琅.新时代高职思政课信息化教学改革探索[J].创新创业理论研究与实践,2021,4（10）：56-58.

[27] 高斯芹,吴海山.马克思共产主义思想的发展脉络——以马克思三部著作为例[J].内蒙古师范大学学报(哲学社会科学版),2022,51(6)：53-57.

[28] 王丰昌,张天箫.地方党史融入高校思想政治理论课的多维论析——以武汉地区为例[J].领导科学论坛,2023（6）：129-133.

[29] 张超,王兴旺,王全超."学习强国"平台推进思政课案例教学法研究——以"思想道德与法治"为例[J].现代职业教育,2023（10）：33-36.

[30] 余雪.新时代坚持和加强党对工会工作领导的思考[J].池州学

院学报,2021,35（4）:33-35.

[31]冯思云,李文韬,方章东.黄埔军校时期党的思想政治教育工作探析[J].湖北师范大学学报(哲学社会科学版),2023,43（1）:13-19.

[32]何卫东.加强国有企业思政队伍建设思考[J].中国电力企业管理,2021（21）:72.

[33]太荣剑.高校网络思想政治教育浅析[J].才智,2014（29）:175.

[34]赵玉萍.全方位强化高校思想政治理论课教师队伍建设[J].人力资源,2023（8）:4-5.

[35]刘天骥,王蕾,马玉波,等.高校思政工作创新改革内容的研究[J].时代农机,2017,44（12）:244.

[36]周广昌.辅导员队伍的专业能力提升与职业化发展[J].沈阳大学学报(社会科学版),2021,23（3）:368-372.

[37]郭鹏飞.注重以文化人提高高校思想政治教育实效性[J].思想教育研究,2018（5）:98-101.

[38]张发斌,樊协珍,梁祥永,等.浅谈开展大学生思想政治教育的有效途径[J].科教文汇(中旬刊),2014（29）:6-7.

[39]谢春梅.新时代高职院校思想政治理论课教学改革创新与研究——基于全人发展理念培养时代新人[J].青年与社会,2019（30）:158-159.

[40]邓蓓.立德树人视野下高校基层学生支部党建育人的维度[J].河南农业,2021（36）:4-6.

[41]包智强,吕红日.区域推进义务教育高位均衡发展机制研究[J].广西教育,2013（30）:4-5.

[42]陈玲.大学生核心价值观培育中的双向互动机制[J].学习月刊,2015（10）:52-53.

[43]侯树成,张孟洁,周惠玉,等.新智媒时代大学生思想政治教育的特征、困境与对策[J].黑龙江工业学院学报(综合版),2023,23（4）:31-34.

[44]赵嘉敏.民族地区高校思想政治教育评估的特殊性[J].人才资源开发,2015（6）:219-221.

[45]高政.新时代高校思想政治理论课建设实践探索[J].中学政治教学参考,2022（37）:95.

[46]赵鲁臻,张赛伊.基于数据赋能的思想政治教育评价指标体系的理论构建与实践应用[J].徐州工程学院学报(社会科学版),2023,38(1):97-108.